「十言神呪」開示百年記念

神界物語（四）

―「十言神呪」の世界―

石黒 豊信

MP ミヤオビパブリッシング

はじめに

（一）正一位タケシツカサノ明神からいただきました、最近（令和四年六月十一日）のお言葉から始めたいと思います。文体が異なりますが、そのままで味わっていただいた方が心地よく、B級戦犯としてチャンギーの刑務所において従容と散ってゆかれた明神さまのお心を知ることができると思います。文中においては文体を統一してあります。

正一位タケシツカサである。正一位タケシツカサである。

こうして御祭りを頂戴し、まことに嬉しく厳の神々の代表として、今日は謹んで御礼を申し上げる次第である。しかしてまことに、不肖タケシツカサ、ここに言葉を述べる、言葉を伝える機会を得たことをまことに嬉しく思うものである。

この度のこの『神界物語』、神々のお慶びは如何ばかりかと思うものである。天津神の上津彼方は当然のこととして、ナナヤにおいてもまことに嬉しく、神々も等しく御慶びになられるものである。

この『神界物語』の公にされることによって、この『神界物語』がまさに毒消しのような働きを持つものであって、この『神界物語』に触れる者、目に留まる者たちは、どれだけイナルモノたちから眼を逸《そ》らされた、生活をして来たことであろうか。そのイナルモノたちの導きに対して、ここにはっと目を覚まされるのである。それだけ大きい力をこの『神界物語』は持つのである。

これは、そこに何かの、霊的なる変化を起こそうとする、起こしたものではない。これを目にする者、触れる者たちが、おのずから目が覚めるのであって、そのことによって、その踏まなければならない道を、正しく歩もうとするものである。

これは、これは、単に人間が読んでそれを悟る、そういうものではなくして、その人間の上に依り懸かるところの御霊たち、その者たちが最もここに目覚めるのである。その目覚めが、その人間に影響を与えてゆく。人間の上に依り懸かるミヨ（守護霊）たちが、これからどのような生活をしていかなければならないか。己の修行として、如何なることをなすべきかということについて、これをはっきりと知ることができるのである。これは、まことに大きい。

しかもこれが、既に承知の通りに、幽界においても、幽世の世界においてもこれを読むことができるのである。したがって、幽世における御霊たちもまた等しく、これをはっと思い、身を振り返ることになる。幽界冥界における、御霊たちの上に如何ほど役にたつのか、如何ばかりか知ることのできないものである。

こうしてその御霊が、蘇《よみがえ》ることによって、現世《うつしよ》が明るくなる。それはこれから少し時間がかかるけれども、それはやむを得ないことである。まことに、まことにもって、この『神界物語』の光というものが、どれだけ奥深くに光を通し、そして御霊の救済になるのか、量《はか》ることができない。このことは、どれだけ繰り返しても、繰り返しても、繰り返し切ることができない。まことに重要なものである。

今、この現今《げんこん》の、現世《うつしよ》の世界を見るに、宗教者と言われるような者たちの、その霊的な力が極めて貧困となっておる。これは日の本だけではなくして、外国においても同様である。まことに、この現世《げんぜ》と幽世の世界とが乖離《かいり》してしまって、離れてしまって、宗教者たちは、地球の上に生活するところの人草たちを、神々の御許に近づけることができなくなっておる。またその力が無くなって来ておるのであって、まことに悲しい。この地球の上の宗教者たちの姿であると、思わねばならない。

それ故にここに、ハルミというものを通して、現世《うつしよ》にある人間と、神々との距離を、ここに短くしようとしたのである。貴照彦が、この現世《うつしよ》の中に霊的存在を一つ入れることによって、豊かな世界になる。その『神界物語』における「はじめに」において述べたのであるが、まさにそのような世界を創り出さねばならんのであって、その仲介として存在をするものが、これがハルミである。

したがって人間は、このハルミというものに近づくことによって、大きい力を得る。またハルミは、人間のその姿を神々に伝える。そのような仲介者としての存在が、あり様が、このハルミである。

しかし、このハルミは、ハルミとして何時《いつ》までも仲介者であることはなく、ここに人草たちは、おのずとその壁を破ることによって、神々と近づいて来る。そうして豊かな生活《なりわい》を送るようになるのである。

今、神々と言ったけれども、ハルミが仲介をしながら神々と結びつくと言ったのであるけれども、これはひとり日本神道におけるところの神々という意味ばかりでなくして、仏教における仏様たちとの距離も然りである。また、ヒンズー教や、イスラム教、キリスト教など、そのような神々との間《あいだ》の距離を近くするものである。

すでにこの地球の上において、イスラム教のような礼拝スタイルというものは、これらはもうその時代の産物として、過去のものとして、何ら効果的なものをもたらすものにはならない。もしあるならば、断食月のことがあろうけれども、これも夜になれば如何ともし難い。この昼の断食をもって、その夜も慎むような生活を送ることによって、人間として成長をしてゆくが、必ずしも必要なものでなくなっておる。

特に、この仏教の世界においても、不要な行《ぎょう》がそういう意味において多くなってきた。嘗《かつ》てはそれぞれにおいて働きがあったが、今現世《うつしよ》は、それらの宗教者たちが力を無くし、仏教者たちが力を無くし、したがって不要なる行となって来た。もっと本質的な、人間が仏様に仕えるようなものが生まれねばならない。

そのような草ぐさの種が、この『神界物語』の中に含まれておるのであって、それらを拠りどころとしてこれから、新たな宗教活動が展開をすることになる。今世紀はそういう意味において、この『神界物語』から多くのものを学ぶ。学ぶことによって宗教者が育って来る。そのような、この『神界物語』であると思ってよい。

これに、そういう意味で目に留まり、これを紐解く者はまことに幸せなことである。その者を、その者をどれだけ豊かにしながら、育ててゆくのかわからない。これから『神界物語』がどのように展開されていくのかは、おおむねわかって来たと思うけれども、いよよこれから、本年をその契機としてこれから大きいことが起きて来る。それを、この本年じっくりと構えながら、神々の御許《おんもと》にまつろい、その御稜威《みいづ》に浸るがよい。おのずとここに、汝の前にある大きい扉が開かれて来る。あからさまにそれを知ることができる。あらゆる靄《もや》が消え、霧が晴れ、我々の世界と直通になる。その時が今すぐである。草ぐさを学びながら、それらを『神界物語』とすべし。

今、『法絲帖』のこと、また『光る国神霊物語』の出版のことがあったが、これらは、汝の思うがままである。以上。[終]

最後の二行の『法絲帖』と『光る国神霊物語』のことは祭典祝詞の中で出版のお伺いを申しでたも

のです。『法絲帖』は、飛鳥大人《うし》よりのお言葉に対して正一位トキツハナノヰ明神のご解説がありま す。御霊に世界を見せることによる慰霊の書です。また、「十言神呪」組立て全体の世界を簡潔に述べていることを知り、出版をお願いしたものです。

『光る国神霊物語』は、「十言神呪」の啓示の様子を記したものですが、先の改訂前の書は中略などが多くあり、これらを補って〈完全版〉としての出版のお願いを申し上げたものです。『光る国神霊物語』〈完全版〉として、すでに出版をしてあります。

(二)【巻九】は、正一位明寶彦命が太陽神界に行に上がり、ご帰還後の最初のお言葉を掲載してあります。太陽神界での行を修められたので、お名前にも肩書が与えられたはずですが、名告られることがありませんでしたので、そのまま明寶彦命としてあります。

【巻十】は、当洞における平素の祭典における神々との通信の記録です。これまでのような神々よりの講義の形において賜ったものではありません。

特にこの令和三年は慌ただしく、新型コロナウイルスの蔓延に対する人草への警告があります。また、令和四年二月二十四日に始まりましたロシアのウクライナへの侵攻の予言、さらに、中国の台湾への侵攻の予言もあります。この記録は令和三年でありますので、ロシアの侵攻の一年以上前のことであります。そのことで神界では慌ただしい動きがあったわけです。

このような警告や予言の内容もさることながら、真澄ホアミ姫命の正一位任官式、上津彼方よりの神様の鎮座祭がありました。そのような、普通には伺い知ることのできない神々の動きの世界のことです。これらを記録として遺しておくことも意味のあることではないかと思い、大神様のお許しを得て記す次第です。

大神様のお言葉に手を入れることはなりませんし、また雰囲気も違ってまいりますので、読みやすく句読点や助詞を入れる他はそのままにしてあります。しかし、読みやすくするために、いつもの通りに柱は付けてあります。慣れない文章であると思いますが、重ねて目を通していただけるならば必ずご理解をいただけることと信じております。

【巻十二】は、最初に住江の大神様から毎日お言葉を賜り、それに対して正一位の明神さまが二回にわたって解説されるという形になっています。明神さまは四人が交替して担当されています。正一位タケシツカサノ命、正一位アキヒイラギノ命、正一位トキツハナノヰノ命、正一位アキヒトラノ命の四柱の明神さまです。前の三人の明神さまは、「十言神呪」の啓示の時から門田博治先生をご指導されてこられた明神さまです。ですから『光る国神霊物語』にも登場されています。最後の正一位アキヒトラノ命のことは、「あとがき」において少し述べさせていただきます。

今回のように、大神様の最初のお言葉に対して明神さまが解説をされるということは初めてでございます。しかも、大神様が毎日、十三日間、お言葉をくださるのです。驚くより他はありません。残念ながら、頁数の関係でそのすべてを本書に収めることができませんでしたが、内容が続く十五まででひと区切りとしました。続きは次巻【第五巻】の【巻十二】からとなります。

(三) 本書の読み方について

本書『神界物語』は、著者に対する神様からの講義の形になっています。したがって、「汝」、「な」、「貴照彦」、「石黒さん」などと私に呼びかけ、講義を進められています。

また、神界である「ナナヤの宮」を訪れなさい、身体が消えるなどと不可思議なことを数々記してあります。いずれの時か導きを得ることができるものと信じていますが、文意がずれることを恐れて敢えてそのままにしてあります。

このことは、本書を手に取られる読者には、目障りに感ぜられる方々も多いのではないかと思います。しかし、これは本書を手に取られる読者自身に、神様が語られていると思って読み進めていただきたいのです。読者を置いて、私一人が登ってゆく道を神様が解いているのではなく、読者と一緒になって登りなさいということです。また、多くの霊界を巡っていますが、読者と一緒にそれらの世界の数々を巡りなさいということと思います。さもなければ、私のみに対する講義であれば、これを公にしなさいとは、神様は申されないと思います。私も講義の最初は、私自身に対するものと思っていましたが、公にしなさいと命ぜられて、はっと気の付いた次第です。しかし、この道は皆様にいつの時か登っていただきたい、登って欲しい道でございます。

神様は、私の言葉で著しなさいと申されましたが、私には残念ながらその力はありません。将来において、取り組んでくれる方が現れることを願っています。大神様のお言葉は少し読み難《にく》いと思いますが、リズムもよく何回か読み直すとご理解をいただけると思います。


門田博治先生の弟子として「十言神呪」を哲学してまいりました。その成果として『十言神呪』(平成三十年、宮帯出版社)を上梓しました。神様は、そのご褒美として、「十言神呪」の世界を案内して下さっていると思っていました。その中において、「十言神呪」の世界は、まだ不十分であることがわかってまいりました。私は、『十言神呪』でもって、「十言神呪」は完成したものと思っていましたけれども、その完成への道がまだ続いていたのです。

それは、「十言神呪」第三の組立てと第四の組立てとの間に、国津神々よりなる組立てを入れなければ完成しないということでした。すなわち、「十言神呪」の世界は、「天津神々の世界」、「国津神々の世界」、「幽界冥界の世界」、「現界の中の己」からなっているのです。

思えば、「十言神呪」第三の組立ての世界は「天津神々の世界」であり、第四の組立ての世界は己である「人間の世界」です。ここに「国津神々の世界」のことがありません。このことは私も薄々は気づいていました。「十言神呪」はなぜ、国津神々のことが示されていないのであろうかと。しかし、いよいよこの第四巻の中において少しずつ明かされてまいります。

一方において、自分自身、すなわち、「人間」を知るためには、その人間の構造を知らねばなりません。当然それは、霊的構造のことです。ここに一霊四魂の問題があります。また、人間のヒト・フタ・ミヨ・イツのことがあります。これは、主に、幽界冥界の御霊との間において成り立つものです。幽界冥界には多くの御霊が生活をしています。しかし、生前と同じような生活をし、何のためにここに生活をして居るのかわからず、自覚することができずにいる御霊が多いのです。

本書の目的は、これらの「十言神呪」全体の世界を巡りながら、霊界には神々の世界があり、その深いことを理解し、人間は本来においてこの世界の中に生きねばならないことを教えているのです。人間が現世を離れて行く所は幽界冥界ではないのです。それを見据えて、現世の生活において己の存在理由を理解し、世界が秩序と統一と調和のとれた世界になり、同時に、人間の生活が豊かになることに参画し、一方において悟りへの道へ進まねばならぬことを示しています。

また、神様は、これらの御霊のためにも本書が必要といいます。それは、御霊も霊界において本書『神界物語』を読むことができ、御霊のためであると申されます。

これらの根底に流れているのは「言霊」と「肉の衣」です。

この人間世界は、地球霊界として肉体を着た御霊の修行する世界です。この生活が終われば、いずれは帰らねばならない霊界ですが、より良い世界へと帰らねばならないのです。幽界冥界ではありません。霊界からこの地球霊界に修行に来ながら、再び同じ世界、いやそれ以下の世界に戻ってはならないのです。修行の後は、必ずより良い霊界に戻らねばならないのです。神様はこのことに心を痛めておられるのです。地球霊界に生起する草ぐさのこと、地震や自然災害などは、御霊の動きに応じて、修行のために起きているものです。

その修行とは、人間はこの世界に誕生したとき、それぞれの使命を与えられて来ているのです。この使命は大国主命によって授かるものです。しかし、誕生と共に忘れられたその使命を、再び蘇らせなければ、使命を果すことができません。使命を再び蘇らせる方法が、天照大御神と大国主命を祈ることにあるのです。すなわち、信仰であるのです。門田先生は、このことは「神様と人間との契約である」とつねに申されていました。本書は宗教哲学であると思っていますが、ここに信仰ということがあるのです。

ここに、私が一歩前を歩いているのですが、本書を手に取られる読者の皆様と一緒に、さらには、ここに生活を営んでおられる皆様と共に、現世の生活を楽しみ、現世に使命を尽し、より良い世界に向って、精進することができればと願っております。

令和五年十一月十一日

石黒　豊信

目次

令和二年十月十一日、令和二年十月二十四日から十月二十七日

【巻九】明寶彦命、太陽神界より帰る

一、〈飛鳥大人〉のお言葉

貴照彦、わしじゃ、わしじゃ、飛鳥《あすか》じゃぞ。

まこと久しぶりじゃわいのう。こののう、厳の神様の善言が長うなったからのう。お前も、お言葉をいただくのが大変になったから、まあ、まあしょうがないわのう。

呼ぶときはお日供とお神酒だけを替えて

わしのようなこの身じゃから、大神様の御祭《おまつ》りに、わしがしゃしゃり出るわけにはいかんからのう。まあ、遠慮をせずに、御祭りの日でのうてもええから、呼んでくれたらええぞ。その時はのう、このお日供《にく》とお神酒だけ、これを替えておけばエネルギーがまた違うから、まあそう思ってまた呼んでくれたらええと思うぞ。

霊界に帰ってからの講義

さあそこで今日はのう、久しぶりなんじゃが、今貴照彦が、この春と夏の断食でもって、タネオの大神様よりいろんなものを賜っちょるが、まことにこれは貴いものと、思わにゃあいかんぞ。

このかなりの所はのう、お前が霊界へ帰って、このナナヤに入って、その時にこの厳の神様やら大神様がたから、講義を受けるのであるが、そういうものが一杯入っちょる。ほとんど入ってないというのは、無いぐらいのものであろう。無いのは要するに、その実地の見学よのう。まあ、それが無いわけじゃが、まあそれももうちょっとしたら一杯わかるから、待っちょれ。その話はまあ別にしちょくぞ。

そうして、これを纏めて、本当にこの日の本の中に広めるということは、貴重なことになる。これは、大変大きい反響が起こると思うぞ。お前のその書き方から、そのほとんど隠すことのないその書き方からして、お前の性分よのう。それからして、大きい反響を持つと思う。しかし、ちょっと隠した方がええ所もあるぞ。それはだいぶ気がついて来ておるが、まあそこの所は、お前がかなり判断をしてもええ所じゃ。

鹿島と香取の大神様の「年大祭」

そうしてのう、いよいよこれから明寶《あきみたから》からも導きがあるが、これはお前にとって大きい飛躍になる。これはタネオの大神様も、そこの所を残しておいてくれておるわけじゃ。明寶にこれを導かせようとしてのう。

そして、今年の新嘗《にいなめ》の御祭は、ここにまた天津神、国津神の大きいお導きの言葉があるから、それを楽しみにしたらええぞ。今わしから、どなたが来るとは言わんが、明寶が教えてくれようぞ。今度はお言葉がちょっと、長くなるかもしれん。

そして、師走の前の「天長祭《てんちょう》」は、是非これをやるとええ。お前が、これを鹿島の大神様と香取の大神様の「年大祭」の日にしようというのは、まことに嬉しいことじゃ。そしたらここにもまた、雄走りが集まる。そうしてそれらが重なると、明年のことがかなり見えて来るようになるぞ。

タネオの大神様は極めて優れた指導者

ところで、一方において、タネオの大神様よりの、この春の行が、また二週間の断食を願うと思うが、ここが最も肝要な急所の所で、それが何であるのかは、それをいただかれると面白いぞ。まことに、お前ら、地球の上に居る者の気がつかないものがあるんじゃよ。

このタネオの大神様というのは、まことに大きい力をお持ちで、すくなくも銀河系の中までは、遠く見通して、その中で行を積んでおられるので、この日の本だけでなく、この地球の上においてまさに極めて優れた指導者であり、大神様であると思って間違いがない。その大神様が、このささやかな真澄洞の上に大きい導きをなしておられるわけじゃが、その意味も、また少しずつわかってこようぞ。

まさに、この槵触の大仙人の愛《まな》弟子であるのじゃが、この槵触の大仙人も、また大変偉大な力をお持ちでのう。まあ、あんまり詮索をせんと、その導きのままに行《い》くがええと思うぞ。

ともかく、日の本において、日の本において最も今重点として、拠点としてあるのはこの真澄洞じゃ。それだけは忘れずに、励み期待に応えていけよ。

あい子刀自の正位任官のこと

それでのう、ちょっと固い話になったが、明寶の女房のあい子刀自《とじ》の正位の任官のことじゃが、これはきっちっと来年には行われることになる。それで、ちょっとだけこの日程がずれることがある。その理由は、この「東京オリンピック」の影響の問題もあるが、ちょっと、もうちょっと早めたいという心が、ナナヤの大神様におありである。遅くなることはない。早くなる。それも心に入れておけ。そこにお前が来なきゃあいけないことは、変わらんぞ。えいかのう。必ずお前が来なきゃあいかん。心配せんと、その時を待て。—それで、一月十五日、任官式に俄かに通信が入って来たのであろうか。理由が、今になってわかって来た。—

いよいよこれでもって、取り敢えずの、この『神界物語』の前半が終わることになる。そうして、その次の後半は、また、お前が忙しゅうなるぞ。お前がひょこひょこと、あっちこっちへ出歩くことができんようになる。

つねに、お前の眼で見て、それを記録して、これを新たな時代に遺《のこ》さにゃあいかん。そう難しいことを書く必要は何んにもないのであって、お前が見た世界をそのまま遺す。そして幾つか、神界の写真も撮らせてもらえると思うから、そんなようなものを遺しながら、新しい時代を導いてやらにゃあいかん。じゃから、お前の死ぬるのは、そんなに早うはないぞ。まだ一杯この日本の上に遺してやるものがある。それが、外国にまで少しずつ浸透していく。えいかのう。

「深」十言神呪

それでのう、お前にまだ残っちょる仕事があって、わかると思うが「深」十言神呪を、これをどうしてもお前が完成をさせてやらにゃあいかん。それは今のところ、恐らくナナヤに上《あ》がって、ナナヤにあがって、そしてあちこちの霊界へ進んで、それぞれの霊界の中で、正しいものをいただいて、行《わざ》を積んで、それをええかのう、「竹の園生」に降ろさにゃあいかん。「竹の園生」に降ろす。これは単に、十言神呪だけではない。「深」十言神呪をそのままに移し植えねばならん。えいかのう。それが、「紫」のスメラミコトを創るという仕事じゃ。

これもお前がやらにゃあもう、誰もいなくなって来ちょるぞ。そうしなければ、この地球の上が、危ういわけよ。えいかのう。他《ほか》の色んなものに、目を眩《くら》ましちゃあいかんぞ。お前は自身の仕事をよく見てやれよ。

このナナヤに上がると、色んなものがあるから、それらを一つずつ、「現世に」遺していけ。ええかのう。

『神界物語』㈠の「はじめに」

『神界物語』㈠の「はじめに」のところの哲学は、飛鳥大人としては、なかなかええと思うぞ。そのつもりでやるとええぞ。

真澄洞の厳の神様たちも、賑々しくなったが、まあ、そうよのう、宴会とはいわんが、まあ皆んながく久しぶりに顔を会わし、また雄走りを通わす、丁度ええところよ。
まあ、そういうことで、ええかのう。まあ、コロナ、コロナと言わんと、心配せんでええから。
ああ、ああ、……。[終]
（令和二年十月十一日）

二、門田博治先生の太陽神界における行

今回のご講義のほとんどは、正一位明寶彦命、すなわち、門田博治先生からの自動書記による通信でした。大神様のお言葉はいつものように発声です。内容は、私の霊的進歩について、その道行について述べています。

タネオの大神様より賜る

正一位明寶彦です。正一位明寶彦です。

石黒さん、久しぶりです。

この夏は、大変な行《ぎょう》をご苦労様でした。大変大きい実りを得られたことを嬉しく思っています。

畏くもタネオの大神様より、草ぐさと賜るなどということは誰にもできることではないことでありまして、まことに「ナナヤの宮」におきましては、大騒ぎであります。

このことは、草ぐさと理由のあることであり、また、畏くも大山祇の大神様より詔の発せられて

いることもあり、皆得心をしているところでもあります。

しかし、この騒ぎはまだまだ続きます。この余波があるのです。それは、他の宗派の存在がありまして、我々の方にもという声が大きいのであります。これは、神道の方々よりも仏教の方に大きいのであります。しかし、ナナヤの大神様には、それをお許しにはならないと思います。その理由は、自派のみの利益となり、国民全体に行きわたらないからです。

太陽神界における行

変な前置きから入りましたけれども、太陽神界における行から帰りまして、「ナナヤの宮」に入ったのでありますが、そういう騒ぎが大きかったのであります。

早速に、帰りましてから、タネオの大神様にお目にかかり詳しくお話をさせていただく時間を持たせていただきました。そのご講義のこともつぶさにお聞きをいたしました。

私が帰りましてから、草ぐさと重大なところを伝えて欲しいということも、お聞きをいたしました。

この太陽神界での行につきましても色々とお話をしたいことがありますが、それよりも今回は、「ロイ」、「秘事」、「秘言」の問題のことについて草ぐさ多くを伝えたいと思っています。そして、何よりも、石黒さんの草ぐさの霊能の開花に向けてなさねばならぬことが多くあります。それらを強力に押し進めてゆきたいと思っています。

話の予定

そこで今回の行について伝えておきます。

第一日、本日二十四日でありますが、今回は私のとりかかりのこととしまして、次の午後は、大山祇の大神様並びに、住江大神の大雄走りを賜ります。一度にです。そして今回の行のお許しをいただきます。すでに今回の行については、大神様に奉答を申し上げてあります。今夕でありますが、これからいよいよ本格的に進んでまいります。

第二日目二十五日、第三日目二十六日、第四日目二十七日と、各々に三回ずつ雄走りを伝えます。これらはすべて自動書記といたします。少し時間がかかるかもしれませんが、精進してください。そして難しい漢字はカタカナで跳《と》ばしてください。急ぎ足で進んでまいります。

二十七日でありますが、夜の大山祇の大神様の「年大祭」としてください。再び、畏くも大山祇の大神様の雄走りを賜ります。

なお、タネオの大神様の雄走りは、外宮《そとみや》――真澄大神をご奉斎する邸内社とは別に、外宮としてタネオの大神様を「神社」としてご奉斎をいたしてあります――の祭典が終りましたならば、直ちにここに坐ってください。大雄走りが下ることになっています。

正一位白金龍神の龍車により太陽神界へ

さて、そこで草ぐさに伝えたいと思っていますが、今回は、これから少し太陽神界でのことを述べて、次回への足ならしとします。

本年、二月二十二日の私の「真澄祭」が終りまして、ここに太陽神界からの大詔を賜った次第でありまます。かくの如くに、正位の明神に対して、上津彼方よりの大詔も届くのであります。太陽神界での行のことでありました。

そこで、春の彼岸を終えまして、正一位白金《しろがね》龍神の飛行によりまして太陽神界、すなわち、上津彼方に参向いたしました。

高御産日神と目会う

そこにおいて、まことに畏くも高御産日の大神様と目会わせていただきました。そして、大神様が地球霊界に行き、真澄洞貴照彦の修行の様を詳しく見聞したと申されました。――高御産日神がお越しになられた理由は、今上陛下の大嘗祭《だいじょうさい》のためです。――

また、いよいよ地球に新しい哲学を敷きまく時が来たのではないかと申されました。そのためにも貴照彦に一段とその進歩を進めねばならないであろうというのです。

さらに重大なことは、「竹の園生」のことであり、どうしてもこれを守り育ててもらいたいというのであります。このことはすでに重ねて伝えてあるが、さらによろしく指導してやって欲しいということでありました。

自分の鏡を輝かすこと

私自身の行のことであります。この太陽神界において行ったことの最も重要なことは、自分の鏡を輝かす、明るくするということであります。すべての人間は「真澄の鏡」を持っているのでありますけれども、人間においてはこれが曇《くも》ったままであります。わずかに信仰をする者のみが、その鏡を明るくするのであります。しかし、これとてもわずかな光であり、世界を照らすようなものでなく、わずかに身辺を照らすものであります。

正位に任官をしましても、その鏡はたいした光ではないのでありまして、それが今回の上津彼方での行でよくわかりました。その鏡を磨いて来たのであります。

正位になるまでの霊界の修行というのは、この鏡を光らす、明るくするという一点において行があるのです。しかし、霊人たちにはこれが理解できないのです。また、「ナナヤの宮」に入るような霊人でも、このことの理解できない者もいるのですが、ナナヤでの行による信仰によって少しずつ目覚めてくるようになります。その目覚め、悟りがナナヤでの行ということになります。

しかし、一旦正位に着任するということになると、これを輝やかすことに真剣にならざるを得ないのであります。この一点にあると思って差し支えありません。こうして、霊界から草ぐさに偉いことを言っているのでありますけれども、そういうことで、鏡をみがくことに精進をしてまいりました。

太陽の何千度という温度の中に鎮魂

上津彼方がどこにあるのかは、すでにタネオの大神様よりお聞きになられたことと思いますが、すなわち、太陽そのものの中であります。私には、この中に入る力はまだまだありません。そこで、その行はどこでしたのかと申しますと、この太陽神界の別宮の如きものが、太陽の上空にありまして、その中で行いました。

当然肉体を持つ人間が住める所ではないのでありますが、幸に我々にはできるのであります。これが肉体を浄化したということの証《あか》しでもありますし、我々にとって嬉しいことであるのです。

この太陽の何千度という温度の中において、鎮魂を重ねます。重ねること百ケ日です。もちろん、食事や水などはありません。いわば、正位の明神にとってこれが断食であります。

この鎮魂が終われば、人間は肉体の肉が落ちますが、我々においてはこれが霊体の光の源になるのであります。その際においては全く気がつかないのでありますが、これが「ナナヤの宮」に帰り目覚めのできるものとなります。まことに我々自身において不思議に感じるところであります。

上津彼方における水と食事

そこで、上津彼方における食事、また、水とは何でありましょうか。これは、その灼熱の中で育ったところの野菜や水が存在するのです。

これらの存在は、言霊の存在を示すものであり、地球に稲穂《いなほ》が生じたものもこの原理であります。すべてにおいて、肉体感覚で考えては理解不能でありまして、太陽には太陽のものがあります。すなわち、したがって衣類の如きものもあります。見事という外なく、地球の上には存在しないものです。まさに目が輝くようなものであります。

しかして、この別宮の中においても多くの神々、また明神たちが働いているのであります。これは、地球全体の中からかくの如き修行を終えられ、ここに勤めをしている方々であります。男女を問わずに働いています。これらの方々の仕事は全く、地球の上における事務的な仕事と同じであります。

また、その事務とは、当然のこととして、太陽系における星々との連絡、やり取りがあります。また、星々からの来客もありますが、全く地球上と変わらぬものでありますが、異なるのは仕事の内容のみです。

地球からは私一人

さてまた、今回の行において、ご命令を賜りましたのは、私一人のためだけでなく、他の星々からも集められていました十人に対してあります。地球からは私一人でありました。日本だけでなく西洋圏、東洋圏を問わずに秀いでた方々が居られます。——これは、地球以外の星々において修行せられている方々のことと思われます。——

私の行については、そういうことでありますが、この鏡を日々に曇らすことなく磨くことが、また我々の務《つと》めでもあります。私より先に神界に入られた真澄洞の正位の神々はこの行を終えられています。ですから、すべての正位の神々が終っているというわけではありません。

ここに残念なことは、正一位廣池先生の「アコのサト」であります。これらの鏡を磨き進むことが、人間の最高品性完成への道であるのですが、信仰が確立していないために理解できないことです。何とかしてこのことを悟らせて、自覚させてやりたいと廣池先生はご精進をされておられます。この「アコのサト」にも、信仰をお持ちの方もおいでるのでありますが、廣池先生ほどの「信」に深く入ることができなかったがために、その近くに彷徨《さまよ》っている方が大勢いるのです。

天照大御神の分霊の荒魂より大詔

話が飛んでしまいましたが、そうして上津彼方での行が終り、最後に離れるに当ってようやく、天照大御神の分霊である荒魂にお目にかからせていただくことができました。ここに、大詔を賜りました。それは、日本における天皇を救い、その務めを続けることができるように導くことであります。

そのために、貴照彦をうまく導くようにとのことでありました。まさに、「紫」のスメラミコトの実現に向けて進まねばなりません。地上における修行・伝道は石黒さんのお仕事です。これは十二分に理解しておいてください。現在執行している行はまことに貴い行でありますので、続けるようお願いをします。

私の明るくなっている様を見せてあげたいと思いますが、今少し待っていてください。

帰路は金星に

太陽神界に来たときと同様に、白金龍神に騎乗し金星にまいりました。多くの霊人たちの迎えを受けました。正一位オオニツカサ明神とも面会してまいりました。石黒さんとお目にかかれるとよいねと申していましたので楽しみにしていてください。ま、ここでのことは、これだけにしておきましょう。

ということで、龍神のお導きでもって無事に帰り、「ナナヤの宮」に入りました。早速に、ナナヤ大神様に拝謁《はいえつ》し、御礼を申し上げました。例の如く、「ハハハ……」と大笑いされ、嬉しく喜んでおられました。

また、畏くもそこにおいて大山祇の大神様より詔を賜りました。その善言が、次に聞かせていただけると思います。

以上で終りましょう。いよいよ今夕から本格的に始動いたします。

三、大神様のお言葉

〈住江大神〉のお言葉

吾れは、住江大神なり。吾れは住江大神なり。

汝貴照彦、吾れら真澄神のもと、日に異にまつろひてあるを、吾れ嬉しく、吾れ嬉しくこれ嘉《よみ》したるなり。

汝、いよよ奇しびの行《わざ》、これその堂奥《どうおう》に突き進みてあらんずや。こたび畏くも正一位明寶彦命、これ上津彼方の御行《みわざ》終え、ここに、奇しび、ひ、ひ、ほ、ひほ、か、か、ひ、ほ、か――意味不明――。それ御行《みわざ》仕へまつりて、いよよここに大いなる身を輝かしてあらんずや。汝その真愛《みまない》に応へるべく、精進すべしや。

汝いよよその身、隠すの奇しびの行《わざ》なるなり。汝学べや。［終］

〈大山祇命〉のお言葉

我は、大山祇命なり。吾れは大山祇命なり。

汝真澄洞貴照彦、いよよ汝《な》が師、正一位明寶彦命、ここに上津彼方の御行《みわざ》終へ、真澄洞貴照彦に、その奇しひ――「び」でなく「ひ」と清音――の行《わざ》、仕へまつるなり。汝これ肯《うべな》ひ聞こし召して、その心虚《むな》しゅうしてまつろうべしや。

これ草ぐさの御行《みわざ》伝へんずも、汝これ、只管《ひたすら》に「竹の園生」を護《まも》り、大御宝たちを導くのものなるなり。このこと忘るるなかれや。

鏡と「深」十言神呪

まさに日の本の上、大いなる試練の待ち受けてあらば、それら草ぐさのイナルモノ（異なるもの）より護るは、汝、その「鏡」にあり。さらにはこれ、深き観法《みのり》たりし「深」十言神呪にあらんずや。これ二つのこと並びて「竹の園生」を護るなり。

しかして、これが大御宝たちを導くは、その鏡に映り出したる、諸々の歴史上の出来事、また遠き未来《さき》を眺めたる、これ出来事なるなり。

汝これ、神々たち現世《うつしよ》の上に数々と行わんずも、これらなべて上津彼方の朝廷よりの御《おん》導きのまなるを知るべしや。

しかして、それに先立つに『神界物語』の成就なり。これ二つ並びて地球《ちだま》の上の人草たちに指し示すべしや。

これらがこと、なべて奇すしき真澄に輝くの神床《かむどこ》にあらざれば、成就すること無しや。汝、真澄の神床を厳《いつ》きまつりて、学ぶべしや。

神々、真澄の霊人たち、真澄の人草たち来たる

汝が許、いよよ多《さわ》なる神々また、真澄の霊人たち近寄るなり。また真澄の人草の来たるなり。それ、汝が雄走りとて使うべしや。汝が現世《うつしよ》における雄走りなるなり。

吾れナナヤ大神の大詔伝へたり。

汝《な》、汝《な》が師につきて、それ堂奥《どうおう》に突き進みて学ぶべしや。吾れ嬉しや。［終］

四、「肉の衣」を消すこと

正一位明寶彦です。明寶彦です。

石黒さん、ここに住江の大神様、大山祇の大神様の二柱の大神様のお言葉を賜りましたが、ことに大山祇の大神様のお言葉の重要さを噛みしめてください。まさにそのような重要なところに日本は、来ているのです。岐路に立っているのです。

女系天皇論

現下において行われている「女系天皇論」も、その一つです。まさにこれが実現すると地球全体にその被害が及び、早晩《そうばん》地球の上の人類が消えてしまうことになります。それを防ぐためにどうしても、これを守らねばなりません。肉体人間を守らねばならないのです。

そのために人間に不可思議な世界を見せ、本当にそういう世界が存在することを知らしめる必要があるのです。それを、これから実現してまいります。今回の前置きはこれだけにしておきます。

「ムユ」の問題

まず、「肉の衣」を消す方法について、早速に伝えます。これが真澄洞における「ムユ」の問題に当ることとは、すでに知っている通りです。

また、この「ムユ」には秘言《ひめごと》があり、その壁を通り抜ける方法があることも知っての通りです。しかし、これが実は、次元の差であって、いつでも行き来のできるものであることは、明神様から教えられたことがあると思います。まさに次元の差です。この次元という壁を通り抜ければ、肉体、すなわち、「肉の衣」を捨てることは簡単にできるものです。

その方法は、この肉体世界、すなわち、地球霊界の中にもう一本の次元の軸を入れる、付け加えることとです。ご承知のように、地球霊界の中に時間軸という次元を付け加えてできる世界がアインシュタインの「相対性理論」であるわけです。これと同様のことを行うのです。これが科学的に明らかにされ、多くの人間が行き来のできるようになるには、まだ数千年はかかりましょう。一千年ではでき上がりません。そのような、とっぴなことを言い出す学者が現れて来るぐらいでしょう。それを今、霊界における学者たちが盛んに研究をしているところです。その学者先生の間においても、これを乗り切るための物理法則を産み出す、創り出すことはまだまだ先のことであると考えています。

その実現において、何が壁になっているかと申しますと、相対性理論においてはエネルギーの移動ということが問題であったのですが、今度は、重力ということが問題になるのです。しかも、その重力——要するに力というものに四種あることはご存じかと思いますが——その内の微細な力、目に見えぬ世界における元素間の力です。これを解きほどくことによって、何んなくできるのです。

飛鳥大人は岩の中から現れた

私が飛鳥大人《うし》とお目にかかった時に、大人は岩の中から現れたと言ったことがありますが、これです。

このことを発見するだけで一千年は悠《ゆう》にかかるでしょう。肉体を解《ほど》くだけであれば、あるいはもっと早く実現するでしょうけれども、これを復原しなければならない。元通りに組立てねばならない。これが難しいのです。

—門田先生は飛鳥大人より伝授を受けられたと思われますが、兄弟子の前田高顕先生より、障子を通り抜けたことがあるとお聞きしました。

私は、門田先生ご自身より直接にお聞きしたことがあります。「石黒さん、壁を通り抜けることは簡単です。肉体をしばるところの分子間の力を解きほどき、通過すれば、それを元に戻せばいいだけです」と。—

このようにして、この地球霊界において、物質に必然的に付いてくるところの力の問題を解決しなければならないのです。これが解決する世界においては、この地球霊界はまことに住みやすい世界、すなわち、これまでとは全く違ったところの地位が与えられると思います。すなわち、まさに黄金世界です。

また、肉体人間自身において、清々しい肉体を持つことになるのです。そうすれば、ここに救われざる霊体、すなわち、御霊を救うために新たな霊界を用意しなければならなくなります。このことも上津彼方において、すでに考えられているのです。ここに新たな神話が生まれて来ましょう。

このように、この「ムユ」という問題は多くのことを秘めている奇すしき事柄であるのです。今順次、私がこれから伝えようとすることは、私が飛鳥大人より学んだところのことを、もっと嚙み砕いて筋の通るように書き直したものです。また、これができれば、物体の中に己の身体を隠して、他人に見えなくすることが可能であるのです。

「肉の衣」は修行をするために必要

「肉の衣」というのは、修行をするためにこそ重要なものであって、ぼつぼつと石黒さんにとっては不要なものとなりつつあります。そういうことを大神様は見ておられるのでありまして、その心を理解してください。このままでいつまでも石黒さんを、肉体を持つ現界に住まわせておくことは、神々にとっても大変な損失であるのです。この肉体を消すことによって、肉体の中に潜む御霊にあやつられることのない人間になるのです。

その姿を地上に生きる人間、すなわち、人草たちに見せることが必要なのです。同時にそれは、これから明らかになってくるところの「竹の園生」の問題にかかわって来るのです。肉体を消して、スメラミコトに直接に会って深い十言神呪を伝授しなければならないのです。それには、この法こそが最も相応《ふさわ》しいことです。

この「肉の衣」を消すことによって、——もちろん、肉体を消しても、その意識は正しく存在をし、肉体を運ぶことができるのです。そして、先にもご講義をいただいたように、簡単に数メートルも、数キロメートルも身を運ぶことができるのです——それによってこそ、姿を自在に消し、現すことによって、スメラミコトにその実在を信じさせることができるのです。これが紫のスメラミコトを創るための極意であります。

このようにして、人間世界の中に不思議を現すのです。これ等はまさに、タネオの大神様が櫛触《くしふる》の大仙人によって習い、現世において活躍をなされたものであるのです。櫛触の大仙人とは、偉大な大神様であります。すべてを自在に操《あやつ》ることのできる御力を持っておられます。そういう伝統のもとに、石黒さんがお役目を与えられていることを知ってください。また、この問題を敢えて残されたのは、タネオの大神様の私に対するお心であったのです。

門田先生は熱田神宮で飛行の練習中に南宮大社に飛ばされた

いよいよこれから、順次話してまいりますが、次回からです。そこで、その前にタネオの大神様より、いくつかの肉体を消す方法を賜りました。それは既にまとめてありますので、それを見ておいてください。その上で私が話してゆきます。

そう、石黒さんこれくらいの速さで書いてください。自在に手を動かして進んでください。いよいよ次回からです。ご苦労様でした。

――門田先生の浜松におけるご修行の時代の話です。名古屋の「熱田神宮」で、飛行の練習をしていたところ、大垣の「南宮大社」の裏手に飛ばされました。先生とその跡を巡りましたが、これが飛行の最初ではないかと思われます。

また、先生は弟子の方々と神社を参拝することがありました。すると、先生のお姿がいつの間にか消えることが度々《たびたび》ありました。そのたびに「先生は帰宅しておられますか」と電報があったそうです。あい子奥様からも、お聞きしたことです。

私は三島の時代に弟子入りしましたので、浜松の時代のことは何も知りません。しかし、このことは兄弟子たちにもお聞きしていましたので、先生に「飛ばされて、消えて、何処に行ったのですか」とお聞きしたことがあります。「大体は、米津の浜で禊を取らされていた」と答えられました。また、知らぬ所に飛ばされたこともあるようでした。赤貧の中の生活で、お金を持たないこともあったようです。「その時はどうされましたか」と伺いますと、「神様が肉体を隠してくれているので、駅の改札などはそのまま通り抜けることができた」と言っていました。――

五、神様と人間の次元の違い

正一位明寶彦です。明寶彦です。

石黒さん、早速に、まいりましょう。

――神様は、必ずまず最初に、ご自分のお名前を申されます。そして、相手に呼びかけられるのです。そのつもりでお読みください――

人間は「長さ」を単位とした立体的空間

前回は、哲学・科学的なことを少し伝えましたが、我々人間の住む世界、すなわち、肉体のある世界は、どうしてもこの時間・空間というものに閉じこめられた世界の中に生きねばならないものです。――これを簡単に、御霊の修行のためであると言ってしまえば「それでお仕舞い」となって、身も蓋《ふた》もなく味けないものになってしまいますが――しかし、この「次元」は別のものです。

神様の世界は四次元であるとか、五次元の世界であるとか、云々と言って、違う世界の住人にするのですけれども、そうではありません。要するに、住む世界の次元の内容が異なるのです。人間は「長さ」というものを単位とした立体的空間、すなわち、三次元に、生を司るところの時間を加えた世界に生きるのです。

神様の世界の次元は「長さ」とは異なるものを単位

しかし、神様たちの住む世界の次元は、「長さ」とは異なるところの測りものを単位としているのです。その尺度は、ここに簡単には表現できませんけれども、そういう異なる単位の次元の中において生きておられる存在である、と思っていただいて問題ないと思います。これがすなわち、神様は〝生き通し〟であり、その寿命が人間と違ってまことに長いのであります。

人間界と神界との壁

その世界と我々人間の住む世界とはどのようにつながっている、結ばれているのかということが問題になるわけです。これが移動という問題、すなわち、テーマとなるわけです。さらに言いかえるならば、人間界と神界との壁の問題であります。すなわち、「ムユ」の問題であるのです。

この「ムユ」という、我々人間の住む世界を転換させる方法が、その秘密がここに隠されているのです。ですからこれを単に「肉の衣」を消すとかという問題でなく、ここに根本的な原理があるのです。これを知ることによって、我々がこの神界に入ることの秘法を得ることができるのです。

すなわち、自分の住む世界を、現界という世界から神様の住む世界へ「空間」を変換することです。全く異る空間に移るのです。これが漫画の『ドラえもん』にいうところの「どこでもドア」のようなものです。『ドラえもん』では、人間世界から同じ人間世界へ時間を超越して移るのですが、全く異質の空間に移るのです。まことに重大な秘儀と言わずに何でありましょうか。

槵触の大仙人のお弟子様方からお話

さて、前置きが長くなりましたが、このようなことを前提として、考えを進めてゆきましょう。先に、タネオの大神様からのご講義の中において、槵触の大仙人のお弟子様方からお話がありました。これらの中には実は、そういう転換の種が入っている、入っているとまで言ってはいけませんが、そういう萌芽《ほうが》があるのです。これをきちんと分別し、整理することをなさねばならないのです。

そのために必要なものが、言霊であるのです。この大きい作法は、整えればおのずから誘導されでき上がるものです。ですから作法はそれほど本質的なものではありません。重要なことは言霊と印《いん》です。

印ということにおいては真言密教の中に数多くあるのですが、一通り何を言っているのかを学んでおくことは、これからの大きい働きにおいてためになることです。

また、この言霊というのは、肉体世界においても神様の世界においても存在するものであり、共通に働きをするものです。

同様に述べますと、神様の世界は次元・尺度が異なると言いましたけれども、肉体人間と同じように「長さ」の次元を持ち、また、肉体――神様としての肉体、すなわち、神体――を持つものであります。すなわち、言霊と同様に、人間世界と神様の世界において共通に働く要素となるものです。

真言密教と神道は実は同じもの

このように言霊ということは、まことに重要なものであります。これについては、言霊と五行ということについて、タネオの大神様よりご講義をいただきましたけれども、少し違って受け取っているところもありますけれども、心配せずに今一度取り組んでみてください。その中から浮かび上がってくるものがあるはずです。──『神界物語』㈠の中のことか──

言霊ということは、書くという「コトタマ」と、そこから言葉を発するという「コトタマ」との二つがあります。先にも導かれた通りに、言霊の中にある「言」と「事」とは一体のものであると言ってよいものです。この書くという「コトタマ」の中に「印《いん》」というものがあるのです。文字でもって書くのであります。

この大昔において──ということに、しておきますけれども──神様の世界に現在のような文字が無いときには、「神界文字」というものがありました。これが「印」につながってくるものです。

ですから、真言密教と神道というものは実は同じものであるのです。神道を仏教的な装飾にしたものが密教であると言ってよいでしょう。ですから、その神界文字の流れが印の中にあるので、印を学ぶことは、神界の様相を知るのに大変よい案内をしてくれるものになります。

事と音

次に、「事《こと》」として伝えますと、仏教の中に仏像があります。これは人間の姿の「事」としてのありようから生まれたものであると思った方が、適切であります。単に、神様、仏様がそこに〝おわします〟としたものではありません。これでは、解釈の順を誤ります。

「事」＝「人間の身体」として捉えるところに鎮魂、すなわち、坐禅というものがあるのです。坐禅の中にも立って行うもの、また、動的なものなどがあります。動的なものとしては、インドのヨガ、その中に接合［男女の結びついた形のもの］などがありますが、その動きの中に秘めてあることがあります。すなわち、一つの坐禅です。瞑想と言うこともありますが、「事」としての言葉です。それぞれの中に秘めたものがあるのであります。

さて、言霊から、書くということ、さらに、「事」という形のことを伝えましたが、今回の最後に、またさらに「音」について少し付け加えました。「音」についての言霊について述べます。

「音」について、音のないところに、音の消えたところに神様のお声があると導かれましたが、これも人間世界と神様の世界とに共通して存在するものであり、まことに重要な働きをなしているのです。神様の発するお言葉はまさに美しい音楽であります。また、女神様の発するお言葉はまさに美しいソプラノ……の音楽であります。石黒さんに聞かせてあげたいと思います。

この神様の世界においては、直接に言葉として発しなくても楽器でもって鳴らすことにより「音」

としての言霊の役割をするのであります。言葉は、音としてのものでもあり、ここに大神様の発せられるところの言葉の言霊があるのであります。

我々［人間］には理解不能であっても、神々の間では、この言霊という、純粋に磨きあげられた音という言霊で意思を通じあわせることができるのです。ここにも重要な言葉があるのです。

私がナナヤ大神のご神示を「コトタマ」、すなわち、神語《しんご》で受けとっていたことを思っていただければ、これらのことは氷解するはずであります。

原因は霊界での諍い

色々と申し上げました。これまでのことをさらに突っ込んで、話しました。さらに今一言いたします。

石黒さんが、神様から色々といただかれながら、実現しなかったことの原因は何であるのか分りますか。実は今、神様の世界において石黒さんのことを取り上げるときに、これが一番の問題となっているのです。すなわち、前世のことではありません。恐らくお気づきにはないでありましょう。実は、石黒家の中における霊界での諍《いさか》いであるのです。これをどのようにして立て直すといいのかということなのです。

先に述べましたように、人間世界に石黒さんをいつまでも置いてはいけないから、と申しましたのは、こういうことです。そこでどうするといいのか。

これが実は、また大変重要なことになってまいります。このことは次に述べます。この石黒家の霊界の中での諍いというのは、近々のことではありません。はるか昔の世界において、人間霊界において起きたことであります。

六、祖先のこと

「黒」のこと

石黒家というのは、古代・中世と日本における名家の血をひいた有名な家柄であります。これが途中から姓が変り石黒となったものです。これは昔からよくあることで特別なことではありません。

何故に、石が黒いという苗字になったのかということです。すなわち、かつて、京において活躍をしていたのですが、些細なことで身内の間においてその跡目相続のことで喧嘩になりました。その喧嘩が原因で、刃傷《にんじょう》事件を起こしたのです。

この事件の処理が、公に表面に現れることなく、ひそかに秘密裏に行われたのでありまして、その下手人をあげることができませんでした。すると、相手の方も感づくわけでありまして、相手の方もそれを秘密のうちに実行し、刃傷沙汰を起こしたのであります。かくしてその喧嘩は次第に大きくなりましたが、あまり公にはならなくなりました。これが中世の京における出来事であります。

時代が移り戦国時代の少し前において、このことが再び行われました。これはふとしたことから、両家が出会うことになり――そこには、その御霊の問題があるわけですが――互いに憎しみ合うことになったのです。また、そこに今度は、公に、顕わになった殺人事件に発展しました。

ここにその一方の家において、その名字を変えて「石黒」姓を称することとなったのです。何故に石が黒のか、すなわち、黒というのは〝くろい〟ということの外に〝こく〟ということがあります。大黒様の「こく」です。この大きい黒ということをまねまして、元々は「千石《せんこく》」ということがありましたけれども、これを「イシグロ」と呼び名字を変えたのであります。元々の千石というのは何をしていたのかと言いますと、宗教家でした。大変有名な仏教徒の人でありました。こうして、片や仏教徒、片や商家としてあったのであります。

イナルモノとなって侵入

当然のこととして、人間世界を終わりますと、霊界に入るわけでありますが、それらのことを見逃されることはなく、それぞれの世界に入り業因縁を落とすことに精進をするのです。しかしながら、その因縁がいつまでたっても消えない、浄化をされないのです。この中にはまことに不思議ではあるのですが、強い念《ねん》、思いが籠《こも》っており、なかなかに消えないのです。それが、その論争がいつまでも続き、消えない原因です。

現代においても殺人事件が相継ぎ世間を騒がしていますが、草ぐさの因縁は前世だけでなく、家々の因縁によるところが大きいのであります。

こうして、現在の霊界においては、少しずつその御霊は明るくはなって来ているのですが、その憎しみは消えることなく続いているのであります。それ等が、石黒家のお子様方にも来ているものでもあります。

そこでいよいよ問題になるのでありますが、石黒さんの上にこれが如何に被《かぶ》さって来ているかということです。すなわち、神様からのご命令がありますけれども、これを消そうとするのです。要するに、「赤こごめ」、すなわち、イナルモノとして侵入し、その霊線を違った方向に振るのです。動かすのです。これは常にあることであります。

真澄洞の上にこれだけ厳重な警備が敷かれていても、あるのです。それが外においてもあるのです。それ以外においては余り大きな悪事はないようです。

慰霊祭

これ等について、龍神たちが詳しく調べたところ、そういう昔からの因縁のあることが明らかになりました。そこで、これをどの様にするかということが大きい問題になりました。

そこで、両家──石黒家の源流、片方の家とのことですが──が和解をする方策を取ってあげた方がいいのではないかと思うのです。両家の間の関係というのは、こちらの世界において信仰を勧め、祈り、浄化の道に突き進んでも中々に解消することが難いところがあります。そのためにはどうしても、ここに生まれ変りをさせた方が最もよいわけであります。これらのことにつきまして、草ぐさと話をいたしましたが、急な解消ということにはならないのです。

そこで、明神さま方が飛鳥大人と相談をされまして、大きな慰霊祭を執行してはということになりました。

ここに両家の神籬を起こし、三日間の祈りが続きます。その方法については、改めてまたお知らせをいたしたいと思います。それを今年ということでなく、明年の春の「明魂祭」の後から始めて、三日間です。それが最も草ぐさの祭典に支障がなく、自由に行えるのではないかと考えました。明年のタネオの大神様からの行は、その後ということになります。そうすれば、様々なことが御霊の上に起こり、互いに和解に到るのではないかと考えるのです。お供えなどについては追って伝えることといたします。その予定だけは入れておいてください。そうすれば、引き続いてのタネオの大神様からの御神示もまた上手くゆくと思います。

アカコゴメ

しかし、だからと言ってこれまでの石黒さんの信仰が無駄になったわけではありません。大変多くの御霊――もちろん、それらに関係のない御霊も沢山おられるわけでありますので――それらの「御霊落ち」たちには大変に効果的に働いているのであります。今一歩、いよいよ最後の行、重大なところにまで来ました。これを通過しますと、いよいよ石黒家の上に大きい光がさし込んで来ると思うのであります。

そのような「アカコゴメ」ですが、これらはその動きがわかっていて、復讐のためのアカコゴメであります。家の内にあって強い憤《いきどお》りがあり、誰かが出家をして、家の業因縁を浄化するのと、逆の働きをなすのであります。

このようなことは、石黒家の上にだけあるのではなく、よくある現象であるのです。したがって、このアカコゴメという「イナル霊界」が、いつまでたっても無くならないのです。人間は、人間霊界──現世──において修行をすると効果がありますが、その反作用もあるのです。大きいリアクションもあるのです。この具体的な方法などにつきましては後日といたします。

丁度ノートも終りになりましたので、この件はこれだけにしましょう。次は少し長くなります。

七、確執はどこの家々にもあること

石黒さん、まいります。

前回は石黒家のことについて草ぐさと申し上げました。このことはどこの家々においてもあることであることを伝えましたけれども、これは武家の家においては甚《はなは》だしいのであります。この名残りが未だに続いているのが現状です。

さらに述べますと、「竹の園生」において、もっともっと激しいものがあるのです。多くの宮様や皇子が、毒を盛られ、罠《わな》にはまって死んだのです。この世から消されたのでありまして、その怨念の激しいことは言わずとも理解できましょう。「竹の園生」に、平民が入ることの難しさがここにあるのです。そこに「竹の園生」における草ぐさの業因縁をも解きほどく必要があるのです。このことをなされば、「竹の園生」としての存在がまことに危うくなるのです。これを危惧するのが、上津彼方であり「ナナヤの宮」であるのです。

慰霊の祭祀

前回において、私が石黒家のことを取り上げて草ぐさに述べましたけれども、全く同様のことが行われている霊界の実の相《すがた》です。すなわちこれを何かしなければならないということで、ナナヤにおける計画《みはかり》があるのです。

この祓いについては、その方法は追ってタネオの大神様よりお話がありますが、どうか実行していただきたいと願います。また、訂正をいたしますが、明年春の明魂祭の前がいいのではないかということです。三日間は変りありません。

同時に、極めて重要な慰霊の作法でもあります。真澄洞への「祭祀《さいし》の伝授」と思い実行してみてください。これによって、石黒家における草ぐさの問題が解けてゆくはずです。その効果を実際に確かめてください。石黒さんの願いもここから、糸口が出て来ましょう。このことは、神界をあげての重大な願事であると思ってください。「竹の園生」においても同様です。

また、この作法の伝授は数回にわたります。すべて自動書記となりますので、そのつもりで用意をしておいてください。

正しい霊界とイナルモノの霊界との戦い

草ぐさとイナルモノの世界について述べて来ましたけれども、この世界とはこういう者たちの世界であるのです。ですから、機智、知識があり、また力のある者の世界であるのが、本当の姿です。

前に、イナルモノは牛馬に乗るような話がありましたけれども、この地球の上であれば、龍車もあるのです。――もちろん、正位のものではありません――この歴史を考えれば、龍神が誕生してもおかしくない年月の流れであります。

この正しい霊界とイナルモノの霊界との戦いは、日本だけでなく、外国においてもまことに勇ましく行われている現実問題であります。中国などにおいては、正統な皇帝は少ないと言っていいのでありまして、イナルモノの世界はまことに盛んで実力があるのであります。これは現実世界を見れば、その源の霊的世界は推して知るべしでありましょう。また、この物質生活の長いところの中東諸国においてなおさらであります。

前回は短く終わりましたので続けます。ここで十分間だけ休息し、改めて鎮魂してください。

物理法則

これからは話をガラッと変えまして、物理法則ということについて述べます。

この肉体世界を秩序づける法則が草ぐさにあります。もちろん物理法則だけではありませんが、最もマクロで、石黒さんにわかりやすいと思います。

この法則というのは、法則の中に「自然法則」という言葉があるように、物質・物体が影響を受けるのであります。すなわち、物質世界は、この関係において成り立っていると考えていいわけです。

一方において、今私（明寶彦命）が住んでいるところの霊界においては、この物質の影響がほとんどなくなります。――もちろん、霊界の中においても、中有界があり、幽界冥界において呻吟《しんぎん》するところの御霊においては、それらがかなり残っているものです。すでにご講義をいただいた通りです――ほとんどと言ったのは、正位に至らなければ、たとえ明魂においても、その肉体の影響をかすかに残しているものであるからです。

御霊と正位の明神の違い

それ故に、御霊は、その肉体の臭いに引き寄せられて、人間の守護霊として「ミヨ」に向かうわけであります。単にご命令だからというのでなく、そうすることが、自分の嘗《かつ》ての臭いを親しく感じ、懐かしく感じて、そこに喜びを感じて行くのです。ですから、悪いことを犯すところの御霊ができるわけです。

物理法則の話ですが、この御霊たちはそういう意味において、この物質的法則をまだ抜け出ることができません。——すなわち、またここに信仰をして、御霊を輝かす余地を残しているものでもあります——しかし、神々の世界、すなわち、正位の明神以上の神々になりますと、この物理法則を抜き出て生活をするようになるのです。生活をすることができるのです。

このように、物理法則から抜け出るということは、時間・空間という観念の外において生活をしているということです。——すなわち、それ故に、御霊の世界においては、薄明かりの中において、人間的世界の延長の生活を送っているのです——ここに、先に申しましたように、時間・空間、すなわち、「長さ」とは異《こと》なる次元を持つ世界に生きることになるのです。

神界と現象界

この異なる次元の世界の一つの次元が、現象界の限界をもつ時間・空間という内容を包むところの次元であります。すなわち、神界の空間であります。それ故に、我々明神衆や神々においても時間・場所を間違えることなく来ることができるのです。

しかし、我々明神衆や神々においては、別の意味でそこには物理法則という壁があるのです。この壁を如何にして抜けることができるか。これが、先に伝えた「ムユ」のことになります。「ムユ」というのは一時《いっとき》「肉の衣」をかくすための方便としての法であり、そこをくぐり抜けるための言霊であるのです。その「ムユ」という壁を抜け出るためには、「空」、「虚」というものが必要となって来ます。

今ここに、図示をいたしましたが、このように見通すとわかりやすいと思います。すなわち、この中に神仏に引きつけられようという次元があります。それは「空・虚」という入れ物の次元の中においてなされるということです。その世界を示してあるのですが、すべての中の次元において生きることは、当然のことであります。

このように《神界》の中に、人間世界にない次元があります。それは「神仏との一体」という次元、すなわち、「空・虚」という次元です。この世界の中に住まなければ、絶対にこの世界の中には入れないものです。信仰というものは、そういう意味において「神仏との一体」の次元のものであり、同時に「空・虚」になるための次元のものでもあるのです。この次元の中に、神界に入るための鍵《かぎ》

《神界》

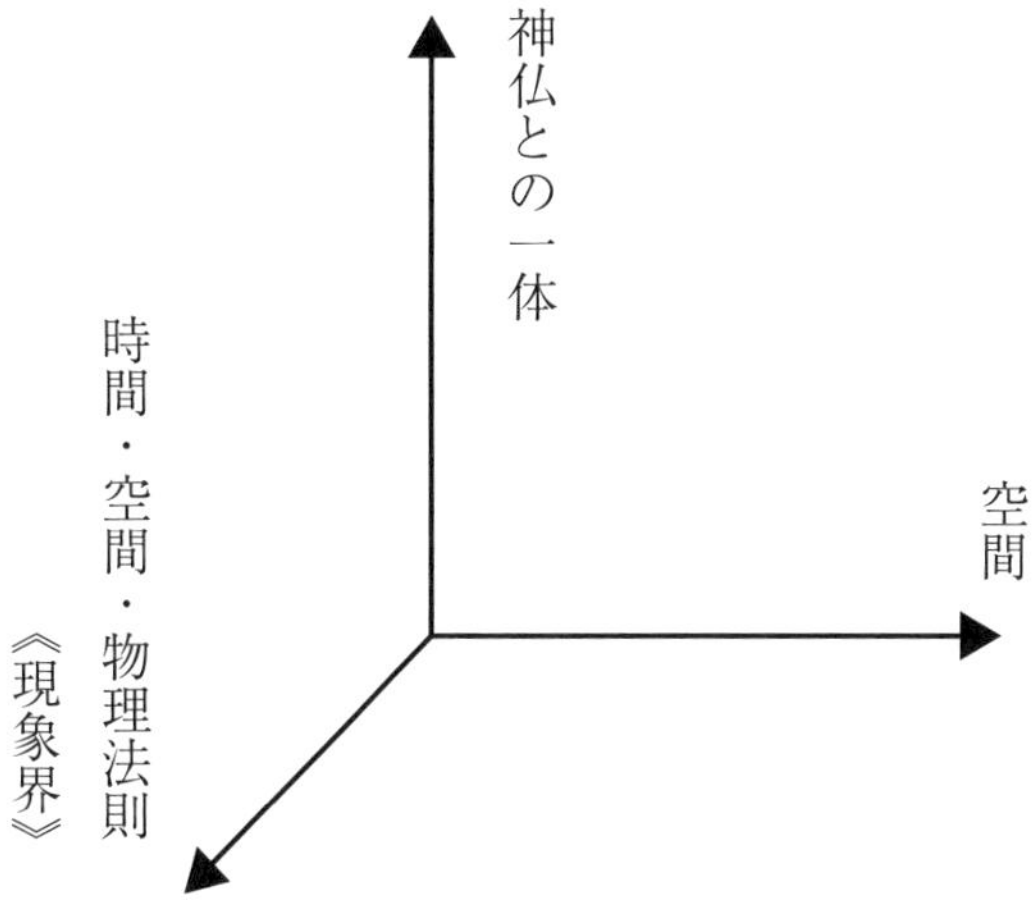

《現象界》

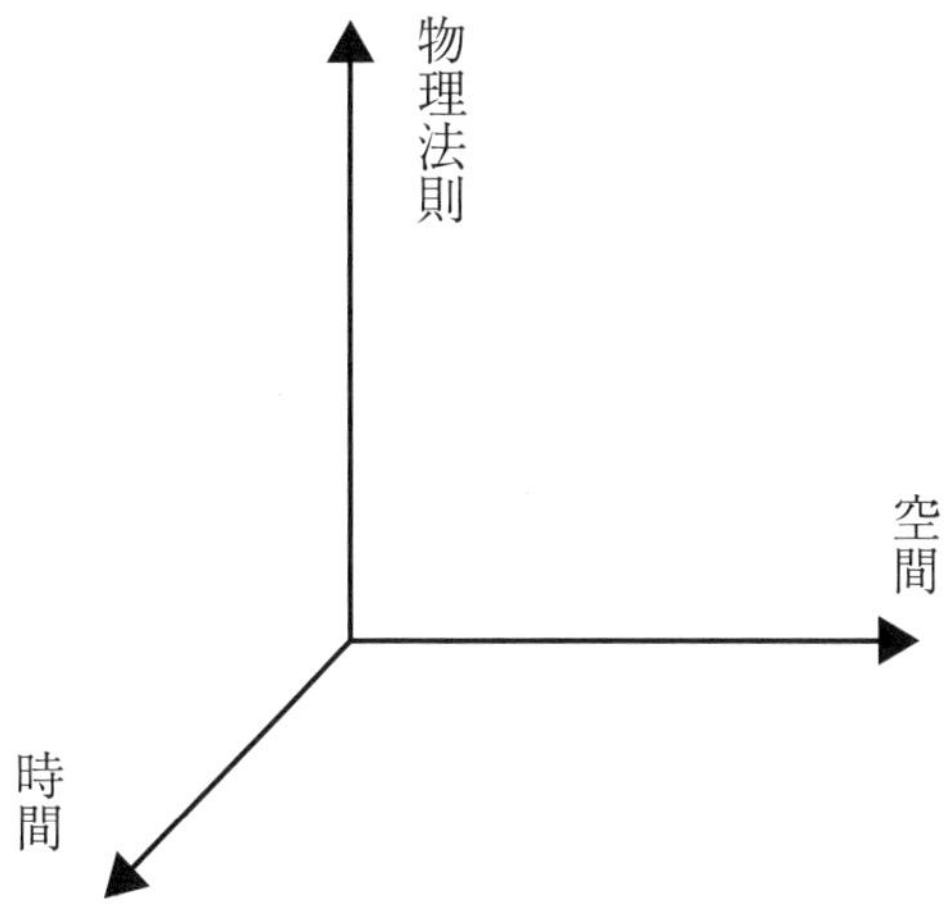

があるのです。

もちろん、理論的な話をしているわけで、これができれば直ちに入れるということを言っているのではありません。ここに、人間社会においてこの二つの次元—物理法則と神仏との一体—を越えるためのものがあるのです。すなわち、先に述べたところの「言霊」であり、「印」であるのです。これがここを越えるところの鍵になるものです。

空海が即身成仏といったのは、その意味において正しいのです。すなわち、肉体を脱ぎ捨てて直ちに神界に入り、神界において生きることができるという意味においてであります。

この二つの次元に対して、さらに、第三の次元—次元についての番号はどうでもよいのですが、話の順序として、第三番目に出て来たということです—時間・空間・物理法則の次元、これが「ムユ」の壁です。この次元、すなわち、《現像界》を抜け出るものが、今述べたところの「言霊」です。したがって、この次元を越えるには、その前提としての次元の「神仏との一体」になる、「空・虚」になるということをマスターして、できておらねば「ムユ」の法則を実行しても、ここ神界という世界に入ることは不可能であるのです。

すなわち、御霊が「ナナヤの宮」に入ろうとして、石堪當《いしがみがんどう》に触れても、その心がけ、準備ができておらねば入ることができないのです。いわば、神界に入るには、三拍子が揃っていなければ入れないわけです。「神仏との一体」になる、「空・虚」の肉体になるということは、当然、その人間の御霊の内において、当然そのようになっていなければならないのです。ここが難しいところなのです。一生懸命に修行をしているのに、何故に自分はできない、成就しないだろうかという、疑問が湧くところでもあるのです。己の中の状態はまさしく、己の見ることのできないものです。すなわち、神々がご覧になられ、判断をされるところのものであるのです。

鏡の成就

この中の最も重要なものが、先に述べたところの「鏡」であるのです。神々はこの鏡――マスミノカガミ――をご覧になられることによって、直ちにその判断ができるのです。

今、石黒さんについて言えば、この鏡の成就についてはほぼ出来上がっています。しかし、今一歩の問題は、その御霊の中にあるということです。その御霊に対して、糸を引くところのイナルモノがあるということです。そこになかなか成就することができない問題があるのです。

こうして、信仰の道において継続して、長くこの道で修行をしていますと、必然的にこのような問題が起こるのです。ですから心配はいりません。これは長く深くすべての過去のデータが納まっている、それらの御霊の中にある鏡というデータを見るのです。これを調べるには少し骨のいるところもありますが、そのようにして過去帳を調べ出し、継ぎ合わせて調べるのです。

そういう意味において、石黒さんのいよいよのラストスパートになると思ってください。そうすれば、来年はまた楽しみな一年になることは間違いありません。いよいよ忙しいことが続いてゆきましょう。

次回は、さらに話を続けますが、タネオの命さまよりのお言葉があります。ここまでかなり話がまとまって来ましたので、大神様から一言をいただきます。

八、大神様のお言葉

〈タネオの命〉のお言葉

吾れはタネオの命です。吾れは、タネオの命です。

汝貴照彦、真愛《めぐし》の御子として、これ畏くも正一位明寶彦命、汝《な》を惟神《かんながら》の正道に誘い導いてあるなり。草ぐさを、明寶彦の誘《いざな》いいざなうがままにあるを、吾れ、嬉しく思います。

身を柔らかく導く行

しかして、明寶彦命、吾れに願いてあり。汝これ、真澄洞貴照彦、なかなかにその身体《しんたい》の固くあれば、その身を柔らかく導くの行《わざ》のないかと、吾が許に願いてありました。

それは、汝の〝意識〟のことです。汝の意識の、明寶彦とすっかりと転換があるならば、まことに奇しきことの数々が起こるのです。吾れタネオ、ここにあって、そのことは十二分に承知していますけれども、思えば汝に対して、奇すしき術《わざ》――不思議のこと――を起こすことはありませんでした。これはまた、一つの大いなる僻事《ひがごと》にあると、吾れつらつらと思っております。

汝、その身を柔《やわ》らかく消し去るの法は、これ霊《たま》鎮め、すなわち鎮魂よりほかにありません。このたびの行を終え、いよいよそれ惟神《かんなが》ら堂奥に入るのです。「十言神呪」の「誠字観法」をもって勤しみなさい。これは、その中より取り出した「気隠《くぐもり》の法《のり》」のみでなくして、それを含む「誠字観法」です。畏くも住江大神の大御稜威を多《さわ》に賜りなさい。

「真綱」の清々しときを待つ

しかしてさらに、前回、明寶彦命の述べたように、明年、春の「明魂慰霊祭《あかるみたま》」に先立ちての慰霊祭を、汝がつつがなく行うことを肯《う》べないたことを、吾れは嬉しく思います。これはまことに秘めたるところが数々にあります。草ぐさにその行《わざ》のことを調《しら》べることはありません。新たに伝えますので、その時を待ちなさい。これは極めて重大です。新嘗《にいなめ》の大佳き日を過ぎて、吾れは直ちに降ります。汝、肯べないて吾れらが御許にまつろいなさい。

汝、その真愛《みまない》の中にあって、真綱《まつな》のいよいよ清々しいときを待ちなさい。その時、いよいよ新たに生まれ変るときです。

しかして、「明魂慰霊祭」を終えれば、汝、ここに吾が行《わざ》を控えます。その時はまた草ぐさに告ることがあります。これは半月《はんつき》をもって成就します。すなわち、『神界物語』です。汝さらに、正一位明寶彦命の許にまつろいなさい。

九、善言のリズム

誠字観法を

明寶彦です。石黒さん、有難うございました。

タネオの命さまの雄走りを受けられまして、嬉しく思っています。私が大神様に、霊的な進歩が十分に現れないのは、どうしてであろうかとお伺いを申し上げたのです。どうしても早く、石黒さんの進歩へと向かってゆきたいのです。

タネオの大神様は偉大なお力をお持ちでありまして、自在に動かすところのお力を持っておられます。ぜひ「誠字観法」をやってください。草ぐさとお導きをいただかれていますが、今一度原点に戻って考えてもいいでしょう。それが復元力を持つことになると思います。

また、明年の春の「明魂慰霊祭」の前の件はよろしくお願いいたします。草ぐさと乗り越えねばならぬものがあります。さて、次にまいります。

言霊について

いよいよ「肉の衣」を隠すことの意義や、その原理について理解をしていただけたと思います。人間霊界（現象界）と神界との次元、尺度の違いです。また、そこに言霊の問題があります。

これから、言霊について少し述べてみたいと思います。

言霊について、その一音の変化についても草ぐさとあります。これらのことはすでに導かれた通りです。この上昇の音、音が高くなる中に、その音の壁を破る力が潜んでいるのです。そして、低く沈むとき、元に戻るものです。

これを持続させ、音程を変えずに続けます。これは音の意思を現します。簡単にいえばこれだけでありますが、もちろん上がったり下がったりが、また逆もありますが、それらのことは置きます。この組み合せで考えるといいと思います。

例えば、「あ」でいいますと、「あ↗」と上昇すると、人間世界の壁を打ち破るようになります。「あ↘」と下がると沈み込み、これを「あ →」と水平にすると、その心を通す一本の筋ができます。

次に、「ま」についても同様です。ですから、「あ↗」「ま↗」、「あ↗」「ま →」、「あ↗」「ま↘」と三種を書きましたが、各々において意味が違っています。

第一は、己を突き破って、さらに「ま」を突き破る。第二は、突き破って、それを持続する。第三は、突き破って、そこに留まる（「ま」の世界に入って、そこに留る）という感じがあるのです。

「裏の善言」

今私が述べようとしていることは善言《よごと》の称《とな》え方の問題です。言いかえれば、「あまてらすおほみかみ」と称えるときに、どのように称えるとよいのかということです。また、神様にどのように届くのかという、働きの問題です。この問題については、今まで私も考えたことはありませんでしたが、研究をする必要があるように思います、すなわち、それが「裏の善言」の問題にまで到るわけです。

今、石黒さんがやっているのは、この善言を「飲み込む」方法ですが、これは己の中の天津神の分霊に対して、すなわち、「フタ」の中の天津神に対する善言です。これについては、称え方の音程については特に示してありません。ただ小声で称える。しかも、内に飲み込むような形において称え、結局それを飲み込むのであります。

一音一音が大神様のもとに届く

このような善言の称え方もありますが、音程において、それを己の身体の中に響かせるということもあるのです。ですから、己の中に対しては小声で、しかも低い音程でもって称えます。しかも、最後にその音をのみ込むということです。

では、外に対してはどうすれば良いのであろうか、ということが当然に問題になります。あ↗ま↗て↗ら↗す↗お↗ほ↗み↗か↗み↗というように、すべての音を高く称える、恐らくこれが最もスタンダードな称え方と思います。

また同時に、その一音一音が、一音を持つところの大神様に響くわけです。すなわち、「ま」は住江大神、「て」は少彦名命、「ら」は大国主命というように、その一音一音が大神様のもとに届きます。また、その総体としての全体の言霊「あまてらすおほみかみ」は天照大御神に届くのです。

このようにして、それぞれの大神様が天照大御神の御許に中心帰一をすることを示す姿が、この善言の中に秘められているわけです。このように、善言、すなわち、大神様のご神名の中には多くのものが秘められているのです。

またこれに対して、ご神名は、その神様の御働きを示すものであるという考えもあるのでして、これも本当です。

しかし、今ここで申しましたのは天照大御神の一音一音の中に大神様の御名が秘められていることです。そこに、中心帰一、統一を示すものがあるということです。

ご神名の中にまつろう神々がおいでになる

これらのことは、他の大神様の中にもあります。「すくなひこなのみこと」とあれば、「す」は天之御中主命、「く」は（豊）雲野の神、国狭槌の神、等々とあります。ただ、この「ひこ」の付く御神名は多くありますが、したがう神々の多《さわ》にあることを示します。ですから、「すくなひこなのみこと」と善言を称えますと、少彦名命に対して、直ちに中心帰一する、統一することとなります。それは、今一歩進めば、天照大御神に対して中心帰一をすることになります。

このようにして、そのご神名の中に、この大神様にまつろうところの神々がおいでになる、ということを理解してください。これらを神々の系譜の中に調べると面白いことを発見すると思います。また、そこの中に秩序があり、誤って伝えられていることが多くあることもわかりましょう。

そこで、真澄洞として、これからどのように善言を称えるとよいのか。これは二代目として考えるとよいでしょう。創作です。――この答は、追って述べられるところのように思われます。――

また、ここに今一つ考えておかねばならぬことは、三音は三回で完成です。例えば、「真澄《ますみ》」は、「ますみ」と三回称えることによって、「ますみ」に届くわけです。音の個数だけの回数を称えることは、言霊として大事な視点であります。

善言の称え方

ですから、「あ↗ま↘て↗ら↘す↗お↘ほ↗み↘か↗み↘」というように、高く低く高く低く……というような善言の称え方も当然にあります。ですから、要するに「3の10乗」ほどの称え方があることになります。

これらの一つひとつにおいて、「↗」は神様に、「↘」は自分に、「→」は相手に向かう、などというようなことを考え、同時にどこに音を入れるのかを考えるのです。しかし、その総体としての善言は、天照大神に届くのであります。

このようにして善言を称える、ということは大変重要なことです。これは、「ナナヤの宮」においても大神様たちにおいて実行されていることでして、単にいつも同じリズムで称えているのではありません。これは、私がこちらに来て気づいたことです。

是非考えてみてください。できたら私に相談をしてください。なかなかこれは簡単でないものがありますが、人間のお名前を付けるところにも応用のできることであると思います。新しい「姓名学」ができ上がりましょう。新しい「家相学」も欲しいですね。ではここらで。

十、言霊のエネルギー

善言には反作用がある

石黒さん、お疲れ様です。もう一息です。話を続けます。

今回は、前回の言霊から入ってゆきます。その言霊の働き方については、理解をいただけたと思います。

次は、言霊はつねに響き渡っていますけれども、例えば、「あ」を送った、向うが受け取った。それでどうなるのでしょう。

言霊を発して、それが届いた。これだけでいいでしょうか。そういうものではないと思います。必ずそこには反射作用、すなわちリアクションがあるものです。否《いな》、リアクションを求めずに、ただただ信仰として無為《むい》になしているだけだ、という方もいると思います。

しかし、本人の思いとは別に、必らずその反作用というものが、相手からあるものです。それが言霊です。「こだま」があるはずです。それは、一体どのようにして生じ、何に対して変化を起こすのか、ということを問うわけです。

今、真澄信仰として畏くも天照大御神、また大国主命に対して善言を称えています。それは、「十言神呪」の第三の組立てにおいて、「祭の道」を実行するように神様から教えられたから、あるいは、人間は、この二柱の大神様の所有するものであるから、そこに対して光を届けているのだとありました。では、これで十分であろうか、というのが私の問いであります。

果たしてそれで十分でしょうか。この言霊の働きの中には、相手に対して影響するものがあるのです。すなわち、物理的にいえば波として伝わり、それが向うで響かねばなりません。そうしなければ、電波は届かず、ラジオもテレビも見られなくなる、聞けなくなるのです。すなわち、言霊はエネルギーを持っているのです。

善言は細胞を蘇らせる

では、その言霊はどこに響き影響を与えるのか。これが難問であるのです。これを解くことによって、人間の改造がなされ、ここに人間の進化向上の道があるのです。またここに、現界におけるいわゆる「富」「幸福」というものがあるわけです。それがはっきりとするのです。

結論をいえば簡単なことですが、これを組立て、一本の筋とすることは、まことに大変な技《わざ》と理論であり、物理学、生物学、また医学などの役割です。

先に、「十言神呪」の第四の組立てにおいて、正一位マノミチノリ明神さまより解説があったのですが、それがここにあるのです。

すなわち、言霊の響きは、神々のもとに至り、その反作用として人間の細胞の中の一つひとつに対して、そのエネルギーが返って来ているものです。返って来るのは、善言のときだけでなく、観法においても同様であります。人間のすべての細胞を蘇らせるものです。細胞の中のどこに届くかといえば、当然のこととして、その遺伝子にまで至るのであります。

幸福

この遺伝子の一部が光り輝き力を増してくるのであります。ある点に対して、スポットを当て、その部分を正常にし、さらに強力に働くようにするものであります。これを重ね、日に異に行うことによって、細胞の全体にわたります。また、臓器の一つひとつの細胞に対しても、その蘇りを促すのであります。

しかし、細胞は、今日の細胞は明日の細胞とは異なるのではないかと言うかもしれません。心配はいりません。一度にすべての細胞に力を与えるというわけけにはゆきませんが、その細胞の部分ぶぶんに対して力を与えるものであるので、その心配はいりません。

したがって、その信仰をとだえると必然的にその力はなくなるわけであります。これを日に異に続け、祈り続けるときに、人間に対して大きい開花をもたらすのです。その力は身体を丈夫にし、草ぐさの「富」をもたらします。まことに信仰の力というものは大きいものであります。

また、その人間の信仰によって、蘇るのは本人だけではありません。その家の家族たちにまでその力が及ぶのであります。それがなければ、「富」「幸福」というのは運ばれて来るものではありません。

御霊にも届く

さらにまた、この信仰の力は、ご先祖の御霊に対しても届くのであります。御霊は、先にも言いましたように肉体をわずかながら残しているものでして、その上に、この善言の言霊の響きが届くのです。

これがどれ位先々にまで届くか、ということは興味のあるところです。まず簡単に言って十代先々にまでは届きましょう。年数でいえば、二百年から三百年です。それ以上についてはまた、別に考えねばなりませんが——それがタネオの大神様からあったこと、また、私が述べたことになるのですが——、これが重大なのです。

その人間の魂が開花すると同時に、そのような御霊の影響を受けることになるのです。これは必然です。前途が明るくなれば、吸い寄せるように求められて来ます。このことは、本来においては仏教の仕事・役割としてあったのですが、それがどんどん失われて来ているのです。それは人間の信仰心の喪失と軌を一にするものであります。

あまり話を広げてはいけませんので、このことはここまでにしますが、このように言霊というのは広く、広い範囲において影響を与えるものです。

今一つ加えるならば、子供さんやお孫さんが誕生するときに、このことは現れてまいります。悪いという意味ではありませんが、要するに先祖帰りが、遠くから起こってまいります。

清々しい細胞に

さて、その言霊の響きは、人間の遺伝子にまで到着することを伝えましたが、さらに重大なことがあります。信仰を持つその人間が次第に清浄となるにしたがって、その細胞が透明になってくることです。不思議な出来事であるのですが、明るく輝き、清々しい細胞となります。実はこれが御霊の浄化につながるのでありますが、その本人にとっては、肉体の残渣を残すことがなく、現世を去ることになるので、明るい世界へ一足飛びに入ることができるのです。これが極めて重要なことであります。

すでにこのことは、四魂また、一霊の中にその記録が残されていると話をいただいたことと思いますが、一方において肉体の一つひとつの細胞の中にも秘められているものです。ですから、その肉体の中の霊体を見れば、ほとんど間違いなく、その一霊四魂の様子を見ることができるものです。

さらにまた、この言霊の響きは、人間の重要であるところの真綱《まつな》の上にも影響を与えるものです。すなわち、霊線のことであります。この霊線をも信仰の力によって、浄化をし、明るくするものです。それ以上の色や、太さについてのことは先にいただいておりますので、ここでは置くといたします。

言霊の効果

このように、言霊は消え失せるものではなく、言霊の威力というのは、その人間に振り返って来るものです。未来永劫とまではいえませんが、かなりに蓄《たくわ》えられ、それが家族や御霊の上にかかるものです。ぜひ、今一度、最初にいただかれた正一位マノミチノリ明神さまの御神示を読み返してください。ここまでくれば、その内容を詳しく理解できると思います。また、その生理学的なところは、ご自身で学びを深めてみてください。

これで本夕の言霊のところを終えますが、次第しだいに「肉の衣」の薄く、剥《は》がれてゆく姿の相を伝えました。

次回からは最後の日になりますが、さらに深めてまいります。最初に伝えましたように大山祇の大神様の祭典におきましては、大神様の雄走りがあります。また、「タネオ神社」の祭典が終われば、再びここに坐ってください。重大な雄走りを賜ります。以上でございます。

十一、言霊と細胞

石黒さんいよいよ最後の日になりました。

本日の「大山祇命年大祭」には、大山祇の大神様の大雄走りがあるので楽しみにしてください。また、引き続き、タネオ神社の「月例祭」がありますが、同じくタネオの大神様より大雄走りを賜ります。

内容はこの「肉の衣」についてのお話もありますが、いよいよこれからの真澄洞また、日本、世界のことについて当洞の役割、働きのご指示がございます。いよいよ当洞がどのようにさらに伸びて行くのか、大神様には草ぐさとお考えがあられます。

前回の整理

さて、引き続いて言霊の話を続けます。前回は、善言の中の一音一音に大神様への響きがあり、同時に、善言の全体はその大神様へ響くのです。そして、善言が伝わった後において、どのようなことが生じるのか。それは、善言を称える者だけでなく家族、また御霊の上にその働きがあることを述べました。

その働きは、肉体の中の細胞の上にかかってくるものであり、局所的にエネルギーの増加があります。これを継続することにより、さらにそれが膨らんでくる。さらに、これが局所的でなく大局的に大きな範囲へと、広がりを持ってくるのであります。

しかし、細胞というのは、日毎に変化をするものですが、それをどのように捉えるのかということです。上に述べた局所的・大局的といいましたのは、一つの細胞を中心とした範囲のことです。ですから、一つの臓器の細胞が死滅しても、隣りの細胞は残っているので、そのエネルギーは残されているのです。このように、日毎に祈りを続けることによって、そのエネルギーの力はさらに大きくなり、全体に広がってゆくのです。

これだけを整理して、そこで次に移ります。

細胞が無色透明に透き通る

善言は、このようにして肉体の細胞を浄化してゆくのですが、その極みは、細胞が無色透明に透き通るようにしてゆくのです。ここに肉体、すなわち「肉の衣」が消えゆく下地ができるのです。他の人間から見れば、普通に変わらぬ肉体人間であるのです。けれども、――他の人間には、自分と同じ身体を持つ人間と思うのですが、実はそうでないのです――その中の霊的変化は相手に見ることはできないのであります。

したがって、ここにまた、人間がその働きを終えるときの「尸解《しかい》」という問題があるのです。残念ながら、私、門田にはそこにまで到ることができませんでしたけれども、現実に生じることであるのです。――尸解とは、「肉の衣」を持って神界に入ることです。――

また、ここに多くの、多《さわ》なる修行を積まずとも、生まれ落ちたときから肉体が清浄であって、役割を終え尸解する方もおられます。しかしながら、近年においてこの尸解をされた者はおらないのであります。廣池先生もそうであります。これが尸解に至るところの話です。

先において、人間霊界に住む人々が、如何にして尸解し、また、神々の世界の壁を乗り超えるかの原理などについて述べました。

称える善言は御霊の称える善言

次に、御霊、人間の内に潜むところの御霊に対して、この善言がどのように作用しているのか、ということが次の大きな問題となります。善言が肉体に作用し、また己の内に潜む霊体に作用することは、当然でありましょう。

この善言は全体として、御霊の称える善言ともなるものであります。すなわち、人間の称える善言は、その内に潜むところの御霊の称える善言でもあるのです。この御霊は、その働きが四魂の中の一つを荷っており、働きがそれぞれに異なるといいながらも、その働きは別にして、御霊自身の称える善言となるものです。

では、その御霊の称えた善言の効果はどのようになるのか。これは、その人間が称えた善言の効果と全く同じであるのです。すなわち、御霊の中に残るところの「肉の衣」の残渣の上にアクションを起こすのです。かくして、その善言は一柱一柱の御霊の上に、四魂の御霊の働きに応じて、その部分に対してエネルギーが与えられるのです。このエネルギーを授かった御霊は、霊体を清々しくし、一つの修行を終えるのです。まことに麗しくその行を終え、次の御霊と交替をするのであります。まことに貴いことと言わざるを得ません。

正しい霊魂観

御霊は、この人間霊界において守護霊とか背後霊と言われながらも、真の役割について述べられることがなかったのです。いわば恐れられつつ、人間に対してその心を改心させる力がなかったのです。ここに、正しい霊魂観を人間霊界の中に表しました。人間としてこの世に生まれた真の意義を悟り、その仕事を果たすことを自覚せねばならないのです。

日々の生活における事に対しては、神々は何事も言わないのです。その人間に任すのでありま す。—それが天命、生まれ落ちた使命であるのですから—自由であります。しかし、生活の仕方、心遣い、家庭の祭祀、などなどについては、これを次第に改めさせたいのです。

こうして、本質的な人間の改心を待っているのです。それが、これからの『神界物語』の大きな役割です。私、門田がここに言霊として述べましたことも、どうかその『神界物語』の中に挟み込んでいただきたいと願うものです。

神界法則

次に、重要な問題は日本における仏教、また儒教思想などに対してです。外国においては、ユダヤ教、キリスト教、イスラム教など数多くの宗教があります。それらについても述べねばなりません。順次伝えてまいりたいと思います。

しかし、原理は自然法則でなく、神界法則、いわば人間と神々との「契約」としてあるものです。ですから、この契約、神界法則は、地球世界だけでなく、どの星々の世界においても同様であるのです。また同時にこのことは、肉体世界、また霊的世界においても同様であるのです。

仏教世界

さて、仏教世界について述べます。それぞれにおいて、作法の異なるところがあり一言に言えないところがあるのは、やむを得ないところです。単にお経を読むということは、必ずしも仏様を祈ることにならないのです。まことに多くの経典があり、それらはこの地球の成り立ちや、人間の本質について触れたもの、あるいは、仏の徳を称えたものなど変化があり、多岐にわたるものです。また、仏様の御名を称えることもあります。

これらのことを統一して、総じて述べますと、人間そのものに対して返ってくるところのものが多く、仏様に対するものは少ないのであります。

例えば、ここに浄土教があります。三部経典において称えるのは、この荘厳されたところの仏様の世界であり、そこに入るのであります。このことは、本質的にその人間の魂の自覚と同時に肉体に対する影響、反作用であります。ここに本質的に重要なのはこの阿弥陀如来の御名をくり返し称え、阿弥陀如来の本体の中にとけ込んで行かねばならないものです。これが神道、すなわち、「真澄信仰」にいうところの善言であるのです。荘厳された世界を述べ伝えるのは、その経典の作者のもので、その者が心を癒すものであり、それを読む者が同時にまた、心の癒されるものであります。

お題目は善言

石黒さんは、『法華経』について、あまり詳しくないようですが、紐解くに十分のものがあります。

これは仏様の世界、すなわち、神々の世界といってもいいものですが、その世界のことを述べています。仏様の作用、お働きの中に、神界の様子が描かれています。

しかし、ここにおいても、それらのことを知識として知りながらも、その本質は、大日如来、大無量寿如来の善言、すなわち御名を称えることにあると思わねばなりません。この善言の中に、仏様の世界の生命《いのち》があるのであります。これが仏様に作用し、また多くの仏様たちに作用し、それが人間に返ってくるものです。

この本質をなかなかに捉えることができなかったがために、多くの修行僧たちの悩めるところがあったのです。簡単にいえば、宗派の中のお題目にこそ、その生命があるのです。ここに「道徳科学モラロジー」においても、ただひたすらに、何事も考えずに「慈悲寛大自己反省」と称えるならば、必ずその中に働きのあるものです。その他の理論や理屈は、後から付け加えたものと思えばいいのです。このように「お題目」というのは、重大な重要な本質を現しているものであります。

今、述べましたことは儒教などにもそのまま通ることです。何事においても、その本質となる神様を観なければ、その道を貫通させることは不可能なのです。

道は一つでなく多岐にわたっているけれども、その中の一つに本質としての道があるものです。それを見極めることが重要であります。

いよいよ、次回は最後になります。楽しみにしてください。

十二、人間の地球に誕生

石黒さん、お疲れ様でした。今回の最後の通信です。

「大祭」には、大山祇の大神様に続いて、正一位タケシツカサ明神のお嬉びの雄走りがあります。喜んでいただかれてください。今回は、私の雄走りはありません。

十一月になると明神方の「厳神祭《げんしんさい》」の大祭がありますが、また、楽しみにしていてください。このお言葉の端々に、今回の「肉の衣」の問題に関して、さらに隠されている秘言《ひめごと》がありますので、それらがちらちらと見え隠れします。

それは、言うことを躊躇《ためら》っているのではなく、さらなるものがあるからです。すなわち、別の方法、別のルートがあるわけです。今回の私のこの「肉の衣」の消去の方法については、神界の法則そのままに正面から述べているものでありまして、最も直接的理論的なものであると考えています。すなわち、これまでのタネオの大神様のお話に続いてです。

何故に日本に誕生

では、早速に最後を飾りましょう。

言霊というものの草ぐさの働きについて述べました。これらが言霊の「幸う国」日本であるということの証であります。縷々《るる》と述べて来たことを見ていただきますと、この御神名において、最も五十音図に基づいているものであり、母音としての音霊《おとたま》が正しく秘められていることがわかっていただけると思います。

故にこそ、誕生したことの意義があるのです。重要な意味があります。何故に、地球霊界において、特に日本に生まれ変って誕生したのか。この理由には重大なことが秘められているのですが、このことについて今回は述べませんけれども、来年はタネオの大神様より述べられるのではないかと思います。ひとり日本だけが良い国、美味《うま》し国ではないのでありますけれども、言霊の「幸う国」として、その修行方法に一歩の利のある国であるのです。

さて、そこで言霊の働きについて、宗教の間において異なるものがあることを伝えました。それは御神名を如何に声に出し、音霊とするかにあるのです。この音霊が正確に響き、神々の許に入るところに、その人の霊的進化というものがあるわけです。

外国においては、詳しくは存知ないかもしれませんが、破裂音が多いのです。これは音霊が裂ける、割れるのでありまして、本来的はよくない——人間の霊的進化ということにおいてです——ものであります。しかし、この世で幸せな生活を過ごすことにおいては、全く何のこともなく、すべての言語において平等なものであります。これらは、それぞれの国々の誕生した由来に基づくものであり、神々の導きのままにこのように創られたものです。

この中国語の発音はとても奇麗で響きがあります。また、キリスト教における宗教音楽においても大変素晴らしい美しい響きをなすものです。これらの中において、多くの聖人たちが誕生したのです。——もちろん、すべてであるとはいいません——

地球に誕生した本質は声にある

人間は肉体をもって、この地球という星に誕生したのですが、その根本的本質は声、すなわち、言霊にあるのです。人間というのは、五感に迷い、煩悩のうちに草ぐさを、その頭脳の中に溜め込んでいるのです。そして、目覚めると、その煩悩に気づき、そこから抜け出ようとするのです。これが修行です。

あまりわけのわからぬままに脳の中に溜め込まれたもの、それを抜き出したいのです。そこを何事もなく煩悩を消すことができるならば、人間は、この現世生活がどれだけ幸福でありましょうか。残念ながらそれが叶わないのであります。その煩悩を霊界に持ちこみ、霊界においてまた修行を続けなければならない。

何んということでしょうか。

ここに輪廻転生ということがあるのです。

どこかでその根を断ち切らねばならない。すなわちそれは、信仰より外はないのです。信仰により、神々に連なり、正位に昇り、宇宙の中心に対して帰一をするように、ならなければならないのです。すなわち、真澄大神に対し、相即相入《そうそくそうにゅう》するところの精神を作らねばなりません。

何故に「霊」が存在するのか

しかし、思えば、何故にこのような「霊」が宇宙の中に存在して、六道輪廻の中に入れられるのでありましょうか。まことに不思議であります。

このような「霊」というものが存在しなければ、全宇宙は沈黙を続け、静かであるはずです。これらのことも、来春にタネオの大神様よりお聞きください。まことに人間存在の根本的問題についてお導きをいただけるはずです。残念ながら、まだまだ私にこのようなことを述べる力はありません。

人間と生まれて

したがって、人間は、この地球上において、その感覚に酔い痴《し》れるような悦びを得るために生まれたのではありません。酔い痴れるとは、酒や色事や賭け事や、いわゆる遊興の遊びごとに耽《ふけ》ることではありません。また、現世において金を作り立派な生活、豪奢な生活をするためでもありません。この世界にそのような貧富の差を作るのは、それらを目の中に入れて人間の感覚を鈍《にぶ》らすためのものです。修行をさせるための、目覚しとして現れているものであります。——ここに仏教に言うところの唯識教学があるのですが、その本質まで、未だに突き進んでいません——この現世に、そういう意味で現れるものは現実であるけれども、それは本質的なものではないのです。夢幻と思いつつ、生活をすることが大事なのです。

そこにこそ、遊行聖人としての「捨て聖《ひじり》」の生ずるところです。これはそういうものを転換し、人々を救うためにあるのです。これらの聖人、遊行聖人を聖人と言わずして何でしょうか。

中国には、老荘の思想がありますが、このことを伝えています。また、日本においても、山谷に隠れ住んだ仙人たちが多くいますが、このことを伝えているのです。

この現世を厭《いと》い、厭世《えんせい》し、自ら生命を絶つことは人間には許されてはいません。己が身を如何に醜態にさらすからとはいえ、自ら命を絶ってはなりません。また、人に依頼をすることもいけません。病院の最後において延命治療というものがありますが、これはその家族においての判断であり、良否はないものと考えます。

真澄洞に対する「富」

さて、石黒さん、ここまで縷々と述べて来ましたけれども、私からさらなる、「肉の衣」を消す方法は述べませんでした。私に課せられたのは、この言霊の話と、上津彼方のことです。

この「肉の衣」を消す具体的方法は、仙人たちの話の中に十分に含まれているものでありますが、その最後のキーワードは、直接にタネオの大神様より賜ってください。最後のキーワードが残っているのです。

草ぐさと手早く伝えましたが、大変嬉しく思うものです。私の真澄洞がこうして、貴照彦さんの霊名の基において続いていることを大変嬉しく思っています。これからさらに、私がこちらの世界からなすことは、真澄洞に対する「富」であります。すでにナナヤの大神様より賜ったものがありますので、それらをこれから下ろすことになります。必ず、今回の『神界物語』を完成してください。

以上でもって、私からの自動書記を終わります。

石黒さんは、別の楽しみを待っていたのではないかと思いますが、それは少し後です。

十三、大神様のお言葉

〈大山祇命〉のお言葉

吾れは、大山祇命なり。吾れは大山祇命なり。

汝真澄洞貴照彦伊、吾れ嬉しく善言を奉らんず。

汝これ、畏くもタネオの命の誘いのまにまに、これ奇すしくあらんずや。さらにはこれ、汝《な》が師正一位明神、明寶彦命また、喜び勇みてあらんずや。

汝すでに知るが如くに、こたびの「神計画《かむはかり》」は、これナナヤ［の宮］における神計画でなく、上津彼方における神々の御許《おんもと》に、吾れらこれ神計画てありしことなり。

されぱこそここに、タネオの命、大神として既にあらんずも、汝《な》がためにこれ、大いなる雄走りを下《くだ》してあるなり。このことつゆ忘るるなかれや。

しかして汝貴照彦、こたびまた、汝《な》が師、明寶彦より学びし「言霊の秘法」の数々、これらまた、これが現世《うつしよ》に下ろしたることのなきこと［なり］。こたびの神計画は、まことに奇すしくありて、これ現世に下されざりしところ、多《さわ》にあるなり。

汝これらはなべて「十言神呪」の裏に秘められてありし。これ人草の神々への進化の道を伝へんずものなり。なべて［の人草の］進化を遂ぐるは、これ吾れら神々の目指さんずものなり。

しかして汝ここに、異なる大いなる世界のあらんずこと知りたりや。それらイナルモノの世界を、これ正《まさ》しき世界に結び付けるべし。汝このこと、まことに大いなる働きならんず。このことさらに、畏くもタネオの命より伺うべしや。

これタネオの命、これらなべての生成化育と共に、なべて消滅、分散せしめんずその計画《みはかり》を持ちたるなり。［汝、］奇しき御力賜りて、これナナヤの宮の大いなる御心知りてこれ、日に異に仕へる

べしや。吾れ嬉し、吾れ嬉し。[終]

〈タケシツカサ明神〉のお言葉

正一位タケシツカサです。正一位、タケシツカサです。
このたび、畏くも正一位明寶彦先生に、縷々と導かれてあるならば、今日の佳き日、不肖正一位タケシツカサ命、これに降《くだ》った。

汝貴照彦、今し、大山祇の大神様の御心のうち、お聞きになられたと思うが、このたびのこの『神界物語』につきては、まことに大いなる計画のもとに、吾れら真澄洞の「厳《いつ》の神」たちはここに参集し、知恵を絞り、ここに明らかにしておるものです。これらの負託を荷い、その使命を果していただきたい。

吾れら、この人間世界と神々の世界との壁はあるが、その壁の向こうから眺めておる、見守っているのです。いずれこの壁が、真澄洞貴照彦によって、その行き来を自在とする、その時が来ることを待っているのです。まことに今少しのことです。

あらたま市井《しせい》に住むところの、普通の生活をしながら、ここに仙人となる、そのような道があることを、示す日が来るのです。市井の中に隠れて、そして、生活をささやかにし、ここに仙人となる、まことに麗しい姿です。

これ以上は、吾れ貴照彦には告らない。汝、ご苦労であった。

十四、大神様のお言葉

〈タネオの命〉のお言葉

吾れは、タネオの命です。吾れはタネオの命です。

汝、貴照彦伊《い》、このたびの諸行《もろわざ》、まことに嬉しいことです。

草ぐさと荊《いばら》の道が、さらに続いていますけれども、一つひとつ乗り越えてゆきなさい。吾れは、つねに真澄洞の厳の神々と共に歩んでいます。汝の身を守り突き進みてゆきます。

しかし汝、この真澄洞《ますみのほら》はまことに偉大なる神床《かむどこ》です。ここに鎮まっているのはまことに不可思議なことです。今日ここに、畏くも大山祇命は龍車にお乗りになられてお越しになられました。その厳かなること、まことにそのお姿は美しいのです。汝の師明寶彦命は、これ大山祇命をお迎えされ、しかして、共にこの神床の上空に留まっておられるのです。

汝、吾が御許にまつろいなさい。

吾れ最後に伝えるのは、この新嘗の御祭りには、宗像の神々、また畏くも少彦名命の大詔、瓊瓊杵命のご降臨があります。吾れ嬉し。吾れ嬉し。

令和三年一月一日、十一日、十五日、三十一日、二月十一日、二十二日、二十三日、二十五日、三月四日、十一日

【巻十】正一位真澄ホアミ姫命誕生と地球の行方

この【巻十】は、タネオの命をはじめ多くの神々より、講義の形において賜ったものではありません。当洞における平素の祭典後における神々との通信の記録です。

特にこの令和三年は、慌ただしくあり、新型コロナウイルスの蔓延に対する人草への警告があります。また、令和四年二月二十四日に始まりましたロシアのウクライナへの侵攻の予言、さらに、中国の台湾への侵攻の予言もあります。この記録は令和三年でありますので、ロシアの侵攻の一年以上前のことであります。そのことで神界では慌ただしい動きがあったわけです。

このような警告や予言の内容もさることながら、正一位真澄ホアミ姫命の任官式、上津彼方よりの神様の鎮座祭がありました。そのような、普通には知ることのできない神々の動きの世界のことであります。これらを記録として遺しておくことも意味のあることではないかと思い、大神様のお許しを得て記す次第です。

大神様のお言葉に手を入れることはなりませんし、また雰囲気も違ってまいりますので、読みやすく句読点や助詞を入れる他はそのままにしてあります。しかし、読みやすくするために、いつもの通りに柱は付けてあります。慣れない文章であると思いますが、重ねて目を通していただけるならば必ずご理解をいただけることと信じております。

一、令和三年一月一日　元旦祭

今年は新型コロナウイルスの影響で、元旦恒例の鹿島神宮、香取神宮への初詣も取り止めました。元旦祭は、そのことによりいつもよりゆっくりと執行することができた。したがって、長いご神示を賜ることができました。

〈瓊瓊杵命〉のお言葉

吾れは、瓊瓊杵命なり。吾れは、瓊瓊杵命なり。

清々しき真澄洞《ますみのほら》立ちて、吾れ瓊瓊杵、真澄洞、貴照彦に大詔《おおみことのり》を運ばんずや。

これ先の新嘗の日の［大詔に］続くなり。

異なる者を言向け平らけくなせ

いよよ、日の本「竹の園生」にありて、これを滅ぼさんずとあるなり。これ一重に異なる者《い》――イナルモノ――のざわつきてありて、まことにそれらしくに理《ことわり》の通りて、言挙《ことあ》げんずとすなり。これ異なる者の囁《ささやき》なり。いよよここに来たりて、これ日の本におきても、大いなる変革ありて、それらの異なる者を言向《ことむ》け、平らけくなせやとの大詔なり。

さればここに汝、これらの僻事《ひがごと》を平らけくなすは、まずもてこれ『神界物語』もてなせやとの大詔なり。これもて日の本の上、青人草たちにその世界のことを教え導くべしや。しかして、その声もて、「竹の園生」に近き者たちを言向け、柔らげんずとなすなり。汝このこといよよこれの大年［より］、なすべしや。

これの葉月もてナナヤに上がり、しかして吾れさらに、深き宮居にて妹《いも》木花咲夜姫命と共に、目会うなりや。

これらのことなべて記して、これ「竹の園生」におけるスメラミコトの正しき血筋と、霊系にあるを伝えるべしや。このことまさに、「竹の園生」における重大なる岐路に立つなりや。

汝貴照彦、これ十言神呪、広く、広く、推し進めるべし。

〈タネオの命〉のお言葉

吾れは、タネオの命です。吾れはタネオの命です。

汝貴照彦、麗しき令和三年辛丑の年を迎えました。

神々の世界は関ヶ原の合戦の前兆のような世界

これ、ゆるゆると動くのは現世《うつしよ》のみです。神々の世界にあっては、まことけたたましい動きの起きているのです。それは、神々の世界における関ヶ原の合戦の前兆のような世界となっています。いよいよ東西に分かれて、その御戦《みいくさ》を整えているのです。これは如何《どう》としても、西軍の勝たなければならないのです。

いよいよこれ、西の危ういと観るならば、太陽系の他の星々よりその軍勢を整えんずことも起こり得《う》るのです。地球《ちだま》の上において片付けばよいのですが。

さらにここに、いよよ新しい「真澄の鏡」に照らして、この異《い》なる者に光りを当てて、その目を眩《くら》ますことも、またあるのです。

これらは、いよよ汝の荷《お》い持つ法《わざ》です。まさにその「真澄の鏡」で、照らさねばなりません。この現世《うつしよ》における緩々《ゆるゆる》のことは、流れに任しなさい。

ナナヤ大神の心の痛んでいることは、言うも及ばないことです。今まさに心痛み、顕國魂神《うつしくにまのかみ》とあるはすでに伝えてある通りです。

吾れタネオの命、畏くも少彦名命、また、住江大神と共に、これに向かわんとしているのです。汝、法《わざ》の奇すしくありなさい。［終］

二、令和三年一月十一日　住江大神年大祭

〈住江大神〉のお言葉

吾れは、住江大神なり。吾れは住江大神なり。

汝真澄洞貴照彦伊、久しぶりにあらんずや。されどもこれ、畏くもタネオの命の大御稜威《みいづ》賜り

て、奇すしくあるを吾れ嬉しとすなり。

卯月の行

汝、吾れこたび、これが真澄洞に雄走り運びたりは、いよよこれが奇すしき『神界物語』の序章の最後にあたりて、吾れ少しくこれ伝へんずことあり。

これ四月の行の大佳き日《とき》、タネオの命より賜らんずや。吾れそのとき、これ毎日《ひにけに》一度ずつ降《くだ》りて、これが日の本における奇すしきことの数々を伝へんずなり。吾れそのことを、今日の大佳き日に告らんずや。

それ奇すしき法《わざ》なり。人草のありようなり。

また、正位ならざる御霊どものありようなり。これ、如何にして神々の世界に入らんずや。

奇すしきこと告らんず。

ナナヤの宮で放送

これ、吾が告りしこと、ナナヤの宮の放送に送られんずや。さればこれ、ナナヤにおける多《さわ》なる御霊たち、明魂たちの待ち望まんずことなり。これがよき縁を得て、正位に上がらんず者また数多あらんずや。これよき縁《えにし》を得たりと、その感謝《いやび》の御働き、これが真澄の上にあらんずや。

汝いよよ、清々しの真澄洞となして、これ人草の上輝きてあれや。

〈正一位アキヒトラノ命〉のお言葉

正一位、アキヒトラノ命、正一位アキヒトラノ命です。

私、今日の大佳き日、住江大神の御供を賜りまして、ここにあります。また降《くだ》ることがありますが、今日の大詔のことについて少しく付け加えます。

「人草は悟りて神になるにあらずして、己自身とならんず」

このたびの『神界物語』は、大いなる神々のお働きであるのです。天津神・国津神こぞっての計画《はかりごと》です。すなわち、この地球《ちだま》の上の人草にあって、まことに悲しい人草であるのです。人草を悟ることは、ひとえに己を知ることにあるのです。すなわち、「悟って神になるのでなく、己自身になる」のです。「人草は悟って己自身となる」のです。

このことは、さらに伝えることがあります。これは伝えねばならないのです。

また、さらに奇しびなことは、畏くもタネオの命より、さらに告られます。

私、久しぶりに畏くも住江大神の大詔を少し伝えて、郷《さと》に帰ります。

畏くも真澄洞の厳の神々、今日の大佳き日に、嬉しいお迎えを賜りました。嬉しいことでございます。［終］

三、令和三年一月十五日　真澄ホアミ姫命正一位任官式

十五日であったか、十四日であったか、「三字観法」中に門田先生より突然に連絡があり、朝のお勤めの後に賜ったものです。

〈真澄大神〉のお言葉

吾れは真澄大神なり。これが朝廷の祭りの主なり。

正一位明神真澄ホアミ姫の命として諸神たちに仕へ奉るべし

汝、明神《あけつみかみ》ホアミ姫の命、その奇しき法《わざ》を尽くしてあれば、今日の大佳き日もて、正一位明神、真澄ホアミ姫命として、諸神《もろがみ》たちに仕へ奉るべしや。

大　詔

今し、地球《ちだま》の上は慌《あわ》ただしければ、国津神々の許《もと》に尽してあれや。
さらには、真澄洞、さらに明《あけ》らけくなしては、これ日の本の民草を導くべしや。
しかしてまた、ハルミの世に住める御霊たちを誘《いざ》ないて、幽界冥界を平けく安らけく、互いに睦び合うの御世と導くべしや。

吾れ奇しきこと、伝えたり。

最後に吾れ告《の》るは、日の本、真澄洞を高く、清らに、いや輝かしまつれ。

〈正一位真澄ホアミ姫命〉のお言葉

正一位、真澄ホアミ姫命にございます。

今し、真澄大神様よりの、大詔を謹《つつし》み感謝《いやまい》て賜りました。

神々の御許《おんもと》、一心同体となって、承知《うべない》まつり畏こみまつり仕へまつります。

今、吾れ正一位真澄ホアミ姫命として、導き賜り、御依差し賜りしを、ここに諾《うべな》い、誓約《うけひ》をたてまつります。

〈正一位明寶彦命〉のお言葉

正一位明寶彦です。正一位明寶彦です。

今朝の就任式

これは今朝に、正一位真澄ホアミ姫命が、天照大御神朝廷におきまして行われましたところの就任式を、ナナヤの宮に届きました電波の録音をいたしましたものを少しだけお聞かせいたしました。これが今朝の就任式の様子です。

就任式には、畏くも木花咲夜姫命また、宗像の市杵島姫の大神様がお越しになられ、ご臨席をいただきました。また、正一位千穂世眞澄津《ちほせますみづ》姫命もお供として上がりまして、親しく、親しく詔《みことのり》を頂戴し、改めて、改めてその嬉しさに感極まっていたようです。

いよいよこれから、働きが自在になってまいりますが、それはこれから、数日間の滞在ののちに、龍神様の御車《みくるま》にてお帰りになられてからです。

その後《あと》のことはまたお伝えをいたします。ともかく、これで正位への任官の区切りが一つ付きましたので、真澄洞への通信は少し待ってみてください。

十六日に、向こうから第一声を送ろうと思っていましたけれども、少し待ってみてください。直接に、真澄洞にお伝えするのは、ちょっとだけ待ってみてください。あるいは、節分祭のときでもいいかと思っておりますので、また連絡をいたします。お疲れでした。[終]

四、令和三年一月三十一日　玻婁彌神火祭

〈市杵島姫命〉のお言葉

吾れは、市杵島姫命なり。吾れは、市杵島姫命なり。

地球の上の人草を誘うはハルミの御霊なり

吾れ嬉しや。真澄洞、玻婁彌《はるみ》の御祭り。いよよ、これが地球《ちだま》の上の人草を誘うは玻婁彌の御霊なり。

次第に、玻婁彌の御霊のかたまりてありぬや。真澄洞の「玻婁彌人《はるみと》」たち、かたまりて大いなる力となりぬなり。

地球の上の民草の入れ替わりをなすべし

ここに、地球《ちだま》の上、民草の入れ替わりをなすべしとの御心は、天津神々の御依差しなるなり。さればこたびの、民草の痛みてありしは、これ一重に天津神々の御心のうちなり。そのわけは、これ人草たちは天津神々と国津神々を祈り奉るべしとの心ならんずや。

ナナヤ大神は顕國魂神と

しかしてここに、ナナヤの大神、己がこと捨て置きて人草たちを導かんずとなさんずも、そのこと成就せざれば、ここに上津神々に対しまつりて、大いなる心《うら》、心苦しみて引き下がりて、これが令和の御代、顕國魂神《うつしくにたまのかみ》となり、己が鏡もて上津神々の告りしままにあらんずや。

ナナヤ大神、正一位真澄ホアミ姫命と推挙せられたり

ここに予《かね》てより、吾が厳島《いつくしま》にて、その御霊《たま》磨きてありしホアミ姫命、これ貴照彦を誘ひて就任の御祭りを仕う奉らんず——ナナヤの宮に貴照彦を誘い式典を執行する——とありしも、草ぐさありていよよその時を待つこと能わざるとて、ナナヤ大神、これ、正一位真澄ホアミ姫命と推挙せられたり。畏くも頷《うなづ》き諾《うべな》うべしや。これ地球《ちだま》の上、痛みし人草の上に大いなる力を発揮すべしや。

〈木花咲夜姫命〉のお言葉

吾れは、木花咲夜姫命なり。木花咲夜姫命なり。

正一位明寶彦、正一位真澄ホアミ姫、これ吾が珍の御子なり

正一位明寶彦、正一位真澄ホアミ姫、これ、吾が珍の御子なりや。吾が導きもちて現世《うつしよ》、真愛《めぐし》の御子《みこ》とて地球《ちだま》の上に働きてありぬるや。

ことに、正一位明寶彦、吾が御依差し負《お》ひて「玻婁彌の神床《かむどこ》」を打ち立ててあるは、吾れ嬉しや。

これ守りてありしは、正一位真澄ホアミ姫命なり。

吾れ、これが日の本の上、畏くも天津神の世界より降《くだ》りましし瓊瓊杵命と共に、現世《うつしよ》導かんずとあり。新たなる世《よ》を作るべしとて、その先駆けと送りし御子は、明寶彦と真澄ホアミ姫なり。

睦月十五日に印可を賜る

吾れ嬉しく、このこと吾が妹《いも》瓊瓊杵命に奉《たてまつ》りてあれば、ナナヤ大神の印可《いんか》を得て、天津神々に奉答《ほうとう》奉りたり。

ここにいよよ、吾が霊《たま》の霊系と、その霊《たま》磨きたる市杵島姫命と共に、天津神の世界に上がりて認可を受けしは、睦月十五日の大佳き日なり。

また、その修行を導きし畏くも正一位千穂世眞澄津姫命、吾れらと共に［天津神の世界に］神上《かむあ》がりたりや。

吾が妹・岩長姫命の許にて働かんず

いよよかくして、人の世の青人草たちの入れ替わらんずとあるも、その力を発揮すは、これ真澄ホアミ姫命なり。これ姫神は、吾が妹《いも》岩長姫命の許《もと》にて働かんずや。

しかして、吾が降《お》ろしたる「玻婁彌の御祭り」、言祝ぎてここにささやかなれどもつつがなくあるは、吾れ嬉しや。これらの人草たち、新たなる使命《さだめ》の与えらるるなり。吾れ嬉しや。吾れ嬉しや。

吾れここに、正一位真澄ホアミ姫誘《いざな》ひ、代わらんずや。

〈正一位真澄ホアミ姫命〉のお言葉

正一位、真澄ホアミ姫命にございます。正一位、真澄ホアミ姫にございます。

奉答と大詔

今、畏くも市来島姫命また、木花咲夜姫命に誘われ、ここに降《くだ》らんずや。吾れ、天津神の真澄大神の御許《みもと》に告《の》りて奉答《ほうとう》を奉りたり。しかして、日の本を誘うべしとの大詔なり。

正一位真澄ホアミ姫命・門田あい子刀自のお言葉

門田のあい子でございます。今私が申し上げましたのは、天津神の御前《おんまえ》におきまして、賜った大詔《おおみことのり》と、その奉答のことのことを少しだけお話をいたしました。その様子は、すでにこの十五日にナナヤの宮経由でもって石黒さん、畏くも貴照彦さんにお伝えをいたしてありますので、それをお聞きください。

くだけて、皆さんの前でちょっとだけ、お話をいたします。

長いようで、短い人生を送り、また修行の日々でございましたが、幸いに真澄洞の神様たちがまことによくご指導をしていただきまして、修行が捗《はかど》ってまいりました。

すでに三年前に、正位に任官するべしとの詔《みことのり》をナナヤの大神様からいただいておりましたけれども、自信がないということを申し上げて、それの猶予をいただいておりまする間《あいだ》に、とうとうこんなことになってしまいました。少し申しわけないのは、ナナヤの大神様のお命じのように、早く正位に任官しておけば良かったのにと、そんな思いでございます。

雄走りは十柱

しかしそれはそれとして、いよいよこれから真澄洞の上に大きく働かせていただきます。今私の頂戴をいたしております雄走りが、雄走りというのは私の分身でございますけれども、まだひと月も足らないのでございますが、十柱を授かっております。私の分身が十人いるわけでございます。それらを一つに纏めて、働かせていただきます。

特に私は女でございますので、女性に対して働くことが多いのでございます。

龍車を賜ることになっている

真澄洞の龍車《りゅうしゃ》は、龍神様でございますが、当洞の女性の龍神様は大変高貴な龍神様でございまして、私が簡単に使うことのできぬものでございます。これから、ナナヤの大神様にお願いをいたしまして、私の乗り物としての龍車も、賜ることになっております。

しばらくは、私の雄走りは、真澄洞の龍神様がお運びくださることになっておりますので、真澄洞とも非常に連絡が取りやすいと思います。

畏くも岩長姫の大神様の下で働かせていただく

また、畏くも岩長姫の大神様の下で働かせていただくのでございますが、まことに恐れ多いことでございます。それらの詳細なことは、また何かの折にお伝えをいたしたいと存じます。

「十言神呪」は新しい時代を切り開く哲学

真澄洞のこの「十言神呪」というのは、新しい時代を切り開く哲学でございます。よく石黒さんが、何んの芽もないところを辛抱して、お努めになされましたが、それは宗像の大神様のお導きにございます。

どうか皆さんにも、「十言神呪」をしっかりと身に付けて、そして、次の時代に向けて準備をなさってください。それが、この人間世界と、そして皆様もいずれこちらの世界に帰られるのでございますけれども、帰った後《あと》の世界にも、いいものがございます。真澄洞は、まことに貴い宮居《みやい》でございます。

私の息子が居ることに大変嬉しく

私たち夫婦が色々と産み出したものを、こうして育ててくださっておりますのは、また皆様のお陰でございます。そして尚のことここに、私の息子の伸一が居ることに大変嬉しく思っております。

今日は大変長いお言葉になりましたけれども、人間が幽界《ゆうかい》に帰って、こうして再び現れることのできる、その様を、様子を伝えることができて嬉しゅう思っております。有り難うございました。

有り難うございました。

大変な時ですが、少しくお酒をいただいて楽しんで下さい。

私も、懐かしく思っております。主人は、そこで笑っております。［終］

五、令和三年二月十一日　瓊瓊杵命・木花咲夜姫命年大祭

三字観法中に一週間ほど前に先生より、大神様の重大な雄走りがある由を伝えられました。

〈瓊瓊杵命〉のお言葉

吾れは、瓊瓊杵命なり。吾れは瓊瓊杵命なり。

「竹の園生」を護ることは何事にも勝る

真澄洞、貴照彦、吾れ嬉しや。これ「竹の園生」のこと、つつがなく護りてあればなり。これ何事にまさることならずや。引き続きて護りてあるべしや。これ吾が願ぎ事なり。

菊のかぐわしき香り利くは祈りのなかにある

そは、菊のかぐわしき香り利《き》くは、祈りのなかにあるなりや。祈りのなか、己が御霊《みたま》の輝かざれば、香りの出《い》ずることあらず。己が霊《たま》、奇しき、奇しき霊《たま》を授かりてあれども、祈りあらざれば、その霊の香《かぐわ》しさの途絶えるなり。

いよよここに、「竹の園生」に入れんとなすは、これ着飾りし衣にあらず。その御霊より出ずる、祈りなり。祈りあるとき、その衣より光のあるなり。これその人の香りなり。

畏くも天照大御神の善言の奇しびの輝きを入れん

しかしていよよここに、畏くも天照大御神の、その奇しびの善言の輝きを入れんず時来たりたり。これ「十言神呪」の善言なきとき光り失せれば、その善言入れんずのときここに迎へたり。善言、「十言神呪」を運ぶとき、ここに来たるなり。

されぱいよよ、貴照彦、「真澄の身《み》」輝かして、その光を送るとき来たりたり。真澄の身とは「玻婁彌《はるみ》」なり。玻婁彌の真なるは、己が真澄の身より張り出だすところの、透明なるその身《み》、その体《からだ》なり。その真澄の体《からだ》、玻婁彌となりて、「竹の園生」入り、その身をスメラミコトに覆いかぶせるなり。

スメラミコトの中に吸い寄せ吸いつけられる

しかして、その真澄の身は、スメラミコトの霊《たま》の中に吸い寄せらるるなり。吸いつけられるるなり。ここに、その善言の入《い》るなり。

これ玻婁彌の極意なり。これすなわち、大嘗《おおにえ》の御祭りに行われしことなり。

令和の大嘗の御祭り

こたびの令和の大嘗の御祭り、すでに知りたるが如くに、天皇陛下には、高御産日神なり。また皇后陛下には、これ木花咲夜姫命の玻婁彌の入りたるや。

いよよここに、汝の玻婁彌を出《だ》すの法《わざ》を伝へるは、これが大年の葉月なり。これ葉月、その奇しきわざもてスメラミコトに入りて「十言神呪」を運ぶべしや。

「雄走りを出す法」

これが法《のり》は、すなわち、「雄走りを、出すの法《のり》」なり。これしかして汝《な》が師明寶彦のすでに知りたるところなり。その法《のり》をさらに深くして伝へるなり。すなわちこれ、奇しきわざ、吾が宮居におきて伝へるなり。その「前の法《さきわざ》」は、畏くもナナヤの宮におきて、なが師明寶彦より授かるなり。［終］

六、令和三年二月二十二日　真澄祭

「真澄祭《しんちょう》」は少彦名命をお祭りする祭典です。この日は、門田博治先生のお誕生日でもあり、先生の御生前は門田家の「年大祭」でもありましたが、今は「正一位明寶彦命年大祭」を併せています。この日は祭典において少彦名命のお言葉を賜ることがほとんどですが、今年は上津彼方よりの神様の御鎮座祭となりましたので、御鎮座に合わせてその神様よりお言葉を賜った次第です。

〈アメヒナガル命〉のお言葉

吾れは、アメヒナガルノ命なり。吾れはアメヒナガルノ命なり。

天照大御神朝廷より差し遣わされたり

吾れこたび、上津彼方の天照大御神朝廷より差し遣わされたり。吾れ真澄大神、天照大御神より、大詔を賜りてあり。ここにあらんずや。奇しき告りごと、吾れ伝へるなり。

后の上に懸かりその身健やかに

これ、地球《ちだま》の上いよよ乱れてあれば、先に鎮まりし三種神宝《みくさかんだから》の神と共に大いなる働きあれや。

しかして吾が働きは、「竹の園生」の天津日輝かさんずの御子《みこ》の后《きさき》の上懸かりて、その身健《すこ》やかになし、いよよその御霊《みたま》は、真澄洞の三字の観法《みのり》もて輝きてあらば、その内に入《い》りて、御霊の内を大いに改めるべしや。　御霊の内の改造《かいぞう》なせやとあり。

御霊の内を改めん

さればここに、日嗣の御子は三種神宝の神々により、后は吾が役目として、その御霊の内を改めんとすなり。

されば、血筋の御霊は、選《え》りすぐりたりし御霊は一柱のみなり。その他《ほか》は、なべて上津彼方よりの神々の働きとこそなるなり。

異なることなさしめず御稜威を授ける

いよよ「竹の園生」のスメラミコト、また后も、奇すしく輝くを見るべしや。これ貴く照り輝きて、その側《そば》に侍《はべ》る者たちに、異なることをなさしめずや。なべて上津彼方の神々の光のうちにあるなり。

しかしてまた、外国《とつくに》の長《おさ》たち来たりては、その御稜威《みいづ》を受けて、いよよ「竹の園生」にまつろうなり。

地球の上は次第に苦しきことあれども秩序を回復する

ここに、その異なるものを導きて、アメタツツルギノ命、諫《いさ》めるなり。しかして、地球《ちだま》の上は次第に苦しきことあれども、秩序を回復するなりや。

これが真澄洞に吾れ鎮まりて、タネオの命また、吾れたちと共にその導きをなすなりや。タネオの命、いよよ人草の上、これ秩序を設け、統一の取れたる新しき世を導くなり。

『神界物語』を現世に産みい出すは大詔なり

最後に、汝《な》が始まりし『神界物語』、これが現世《うつしよ》に産みい出すべしや。これ大詔なり。

吾れ伝えたりや。吾れ嬉し。吾れ嬉し。［終］

七、令和三年二月二十三日　天長祭

〈瓊瓊杵命〉のお言葉

吾れは、瓊瓊杵命なり。吾れは瓊瓊杵命なり。
真澄洞、貴照彦、吾れ嬉しや。

アメヒナガルノ命、現世に大いなる力を発揮す

こたび降《くだ》りしアメヒナガルノ命、これが現世《うつしよ》に大いなる力を発揮すなり。これなべての民草たちを、また国々をまとめては、秩序と統一を創らんずや。諸人たち、日の本に舞来《まい》たるなり。

ナナヤ大神の慈しみの心わからずの者

また、その異なるを引き寄せんとするの力あり。されどもこれに、まつろわざるは、次第に現世《うつしよ》より消し、魂消《たまげ》を行わんずや。これ上津彼方の大詔なり。
これ、ナナヤ大神の、ナナヤ大神の慈《いつく》しみの心わからずの者たちなり。

地球の上には険しい道があるが、生きる理由を教え導くべし

いよよさらに、地球《ちだま》の上、険《けわ》しき道のあるなり。

真澄洞、貴照彦、その心を癒さんずや。民草の心を癒しては、その行く手を指し示して、地球《ちだま》の上に生きる理由《わけ》を教え導くべしや。それ諭すべすや。

吾が妹、年大祭に龍神を誘いて降るなり

吾れここに、麗しき神郷《かむさと》を造らんずや。神々のまつろう所《ところ》なり。人草の心癒す所なり。な、貴照彦、これ成就すべしや。

汝、なが「年大祭」の日、吾が妹《いも》、龍神《たつみがみ》を誘いて降《くだ》るなり。[終]

八、令和三年二月二十五日　年大祭

〈木花咲夜姫命〉のお言葉

吾れは、木花咲夜姫命なり。吾れは、木花咲夜姫命なり。

クシサクタマ姫命

吾れ今宵、槵触《くしふる》岳の麓《ふもと》の霧島の神宮《みやい》にありて、吾が側《そば》ありしクシサクタマ姫命なり。クシサクタマ姫命、吾が龍車となりて吾が「雄走り」を日の本のみならず、地球《ちだま》の上、また他《ほか》の星々に運ばんずの奇しき姫龍神《たつみかみ》なるなり。

汝が妹を厳と守らん

吾れ今日の大佳き日、汝貴照彦の妹《いも》（妻）を厳《いつ》と守らんずと、ここに授けんずや。しかして、汝が妹、いよよ体《からだ》に御力の湧かんずや。
またその威力は、これが真澄洞に集わんず諸人の上、大いなる力とならんずや。

吾が分霊、紫のヤノネノ命と共に

これ、吾が分霊《わけみたま》、紫のヤノネノ命と共に大いなる力を発揮すなり。紫のヤノネノ命、逐次、吾が御許《みもと》に雄走りもて知らせありぬや。
なが妹、その思いはいよよ自在なり。これ龍神クシサクタマ姫命の大いなる力なり。

願事を送る

その時の御印《ごいん》を伝えるなり。これ、両の手を顔の正面にて合掌すべしや。しかして、薬指のみそのままにて、他《ほか》の指を折るなり。

この御印もて、薬指にて心に思う所に向けるなり。思い浮かべたる人・物・所に、この御印を向け、クシサクタマ姫の言葉静かに、——小声になる——クシサクタマ姫命、クシサクタマ姫命、クシサクタマ姫命……と、数のみ八度または、十度を唱えて前にその薬指突くなり。突くこと数回なり。龍神なれば、「少名印」もて薬指を立てるの御印なり。忘るるなかれや。

吾が木花の許《もと》、「願ぎ事」のあらばこれもて、吾が許に「願ぎ事」を唱えるべしや。吾れ嬉し。

〈クシサクタマ姫命〉のお言葉

吾れは、クシサクタマ姫命にございます。クシサクタマ姫命にございます。

吾れ、槵触の麓《ふもと》の霧島の神宮《みやい》にありて、その御用を勤めてまいりました。

槵触の大仙人よりも、お言葉を賜りてここにあります。

紫のヤノネノ命に代わり厳と守り幸う

吾れ、貴照彦どのの妻《いも》の大人《うし》を厳《いつ》と守り幸《さきほ》うなり。なが妻、ここまでの時《とき》、紫のヤノネノ命の厳と守りてあらんずや。吾れ今宵より異《こと》なる力もて、厳と幸《さきほ》うなり。

善言は少名印

吾が善言は、少名印にて良し。吾が雄走り飛ばすは、薬指立てるなり。吾れ嬉しや。吾れ嬉しや。［終］

―クシサクタマ姫命は、女性の龍神であり、正一位真澄ホアミ姫命の龍車としてお働きになられるのではないかと思われます。ここに初めて知ったのですが、紫のヤノネノ命が妻の守護神としてご守護を賜っていたことです。ご神前のお水玉の新水の取り換えや、祭典のお供えを作ることは妻の大きい仕事になっています。嬉しいことです。神様に真摯にお仕えをさせていただいていると何時とはなしに、ご守護神のいただけることと思います。―

九、令和三年三月四日　正一位千穂世眞澄津姫命年大祭

〈千穂世眞澄津姫命〉のお言葉

正一位千穂世真澄津姫《ちほせますみづ》にございます。正一位千穂世でございます。

今年もまた、嬉しい有り難いお祭りを頂戴いたしまして、本当に有り難うございます。

新型コロナウイルスは人間の僻事を正そうとするもの

たびたびに大神様が申されますように、この新型コロナウイルスというのは人間の僻事《ひがごと》を正そうとするものでございまして、何の心配も要《い》らないものでございます。

特に、こうして真澄洞のように天津神・国津神と両方の神様をお祭り申し上げておることにおいて、何の心配も要らないことでございます。

天津神と国津神とを共に信仰をする世界が来るように

地球の上には、草ぐさの宗教戦争があり、また、他国を奪わんとする戦争があり、さらにはまた、己の思想を通さんとする、思想上の虐殺が起こったりしております。そういうようなことに対する、神々のお怒りであるわけでございます。

それを、今生きておる方々に被せるのは辛いものがございますけれども、そういうものを早く落として、今のこの世界を改めることによって、天津神と国津神とを共に信仰をする世界が来るようにとしています。そのために、この「十言神呪」の哲学が、この現世《げんぜ》の中に早く誕生すべく、導いているのでございます。

日本は、天津神と国津神に対する信仰のバランスが取れておる

この日本という国は、そういう意味において比較的、天津神と国津神に対する信仰のバランスが取れておると言ってもいいと思うのでございます。

特に、日本には、ご皇室を戴いておられるという大変嬉しい国でございます。

人間を取替えようとしておる

ですから、極端な大神様のお言葉かもしれませんけれども、この人間を取替えようとしておる、そのようなことがこれから段々と起きてまいります。すなわちそれは、戦《いくさ》であり、またこれから大きい病も蔓延をしてくることでございましょう。

それらに向けて、神々は着々とその手を打っておるのでございます。特にそれは、これからのイナルモノの退治において現れてまいりましょう。

取り敢えず、コロナウイルスのことはそれだけにしておきまして、あい子奥様のことからお話をいたしたいと思います。

あい子奥様の正位に任官のこと

もう予《かね》てから、正位への任官を急《せ》かされていたわけでありますけれども、一度は奥様からのご猶予のお願いがありました。これは一度だけしか許されないものでございます。そうしているうちに、さらに、ナナヤの大神様からの延期が通達をされました。

貴照彦さんをどうしても、ナナヤに導きたいという思いで色々と時を選んでいたのでございますけれども、この度《たび》の新型のコロナウイルスによって――これはナナヤの大神様を初めてごくわずかの国津神々の存じ上げていたことであり、大変なことであったのでございますが――そのようなことから、お誕生日の一月をもって、正位の任官を急かされたわけでございます。今まさに、大変なお働きをなさっておられます。

そのようなことで正位に任官されたわけでありますが、そのとき、市杵島姫の大神様と木花咲弥姫の大神様がお付きになられて、太陽神界に上がられたわけでございます。

先にもお伝えしましたように、門田博治先生とあい子奥様とは、木花咲弥姫の大神様の霊系を引いておられるのでありまして、そういうお導きのことから、上がられたわけでございます。

また、宗像の大神様の御許でのご修行でございましたので、宗像の大神様には、新たな大詔を賜うために、よき時を得て上がられたわけでございます。

私は二柱の姫大神様のご縁を得まして、ここにお供として上がらせていただいたわけでございますが、大変大きい詔を賜うことと相成りました。

畏くも天照大御神様の大詔を市杵島姫の大神様がお受け取りになられ

畏くも天照大御神様の大詔を、市杵島姫の大神様がお受け取りになられまして、その市杵島姫の大神様の御前で、天照大御神の大詔が伝えられたわけでございます。そういう意味で、天津神様よりの大詔を頂戴したと申し上げた次第でございます。

この大きい仕事というのは、ただ単に地球の上に生きておる人達の上に新しい何かの力を発揮する、そういうようなものだけではなくして、特に真澄洞の上に大きいお働きをなされます。

それは今、貴照彦さんが奇しくも申されましたように、「竹の園生」への大きいお働きがあるのでございます。その役割は、もちろんこの千穂世も荷っているわけでありますし、もちろんまた他《ほか》の大変に立派な正位の明神様もおられるのであります。けれども、皆さまがたは一緒になって、この「竹の園生」の問題に関わっておるのでございます。

「竹の園生」を消すことは地球が全滅をするということと同じこと

今しばらくは、この問題――新型コロナウイルスと戦争のこと――が大変大きい問題となりましょうけれども、それらのシナリオは、またこの我々の世界の中で面白いシナリオを書いております。

どのようになるのかは、お楽しみいただきたいのでありますが、それは、絶対に「竹の園生」の大きい光を消すことはないのであります。「竹の園生」を消すということは、地球が全滅をするということと同じことでございます。「地球が」早々と滅びるわけであります。

「竹の園生」の力は確かに光が失せてきておるわけであります。少なくなってきておりますので、それを回復していかねばならない。そういう大きい導きが、この真澄洞の上にどんどんと降りてきておるわけでございます。「竹の園生」は、真澄洞をなくしては、成り立たないようなところにございます。

三種神宝の神様は太陽神界から降りられた龍神

三種神宝の神様といい、真澄大神の言祝ぎの日にお鎮《しずま》りになられた龍神様は、太陽神界から降りられた龍神様でございます。もちろん三種神宝の神様たちも、太陽神界から特に降りてきておられるわけでありまして、太陽神界のご心配のほどが、わかろうというものでございます。

上津彼方の朝廷は大変にお怒り

そうして、大きい計画《はかりごと》をなそうとしておるのでありますが、特に、国会議員の世界の中において、まことに稚拙な、愚かな考えが多いのでありまして、それがイナルモノの大きい働きになっております。

これからますますそういう問題が起きてまいりますので、ここに、真澄ホアミ姫様の大きい力が加わってまいります。それは、真澄ホアミ姫様の大きい神通力のようなものでございます。

皇室を無くそうとする者に対して、上津彼方の朝廷は大変にお怒りでございまして、それは、日本《ひのもと》だけではなく、外国《とつくに》「の国王」にも、これを考えておるわけでございます。

大詔が正一位真澄ホアミ姫命に下がった

そういうことで、上津彼方の朝廷において、その大詔が、正一位真澄ホアミ姫命に下がったわけです。それは、この「竹の園生」を守るべしとのことです。

同時にそれは、地球の上に下がられたところの宗像の大神様に対しても、その役割を荷っているわけであります。また、それをどのように動かそうと、働かそうとされるのかは、宗像の大神様からさらにお聞きされるとよろしいと思います。そういうことで、この真澄洞も大変大きい力をお授かりになります。

ミヤツシマの姫命は真澄ホアミ姫命の雄走り

今一つお伝えをいたしますと、門田先生のご長女のミヤツシマの姫命は、その真澄ホアミ姫命の雄走りとして、手足となってお働きになっておられますので、そのことを意識せられながら生活をするといいと思います。

ですから、岩﨑智子さんの上にも、そういう導きの雄走りがビシビシと入り、届いておるはずであると思います。

人間の本質を支えるものが信仰

この信仰というものは、あってもなくてもいいように見えますけれども、そうではありません。人間の本質を支えるものが信仰でございます。信仰が無ければ、人間は人間として立つことのできないものでございます。どうか、早くそういうことがわかるような時代、わかってもらえるような時代に、なりたいものでございます。

『神界物語』もひとえに天津神の願い

真澄洞の働きもそういう意味で大変大きいものにございますが、次の哲学が、世に現れることを願っております。この『神界物語』も、ひとえに天津神々の願いでもございます。

タネオの大神様は、その使命を一生懸命に果たされようとなさっておられるのでございます。もう、この明治の時代から着々とその手配をしながら、物語を描きながら、導かれておられます。まことに嬉しい限りでございます。

これからどのような時代になるのかは遠眼鏡で

これからどのような時代になるのか。それは、これから貴照彦さんがご自分の目で確かめ、また遠眼鏡でもって次にどのような時代が来るのかを眺め、記していただきたいものと願っております。

今日は、あまり面白い話にはなりませんでしたけれども、次の時代に向けて、そんなに心配せずに、ゆるり、ゆるりと導いてあげてください。

次の厳神祭には、飛鳥大人が色々とお話になられますので、もっと飛鳥大人が直接的にお話しくださると思います。

今日は本当に有り難うございました。有り難うございました。［終］

十、令和三年三月十一日　厳神祭

〈飛鳥大人〉のお言葉
貴照彦、わしじゃ。飛鳥じゃぞ。飛鳥じゃ。
まことに、毎月、月に一度とはいえ、大変なことよのう。ん––––。ん––––。
それでのう、今日はまた、わしが来たわけじゃが。今年は、お前にとっても大きい節目の年になるから、それでちょいと、また、いらん世話じゃが、来たわけじゃ。

「特別な慰霊祭」はまことに有り難い導き
ちょっと話をすると、この「特別な慰霊祭」は、まことに有り難い導きと思うてやれよ。まさにのう、熊野大権現の、まさに閻魔《えんま》大王の御前《おん》での、この慰霊《みたまなごめ》だと思ってやれよ。そうやって、その紐の付いていない——霊線の切れた——風来坊の御霊《みたま》を紐付けてやれ、のう。

もうのう、百年二百年三百年、いやもっと経ったら、一つの家の中で数え切れん程のご先祖がいるものじゃ。じゃが、その中でのう、また振り分けられちょってのう。一つの家に付いて来る御霊《もの》は、また、ある決まりがあって、そのようになっちょるもんじゃから、これが五百年前でも千年前でも、そんなに心配せんでええから、それらの風来坊の魂《たましい》をのう、紐付けして、しっかりと飛んで行かんようにしちゃれ。

最後の行に入ってゆく

これが本当に名実共に、貴照彦が最後の行に入っていく。深い沈んだものを炙《あぶ》り出す。大きいこととなるが、沈んだものを炙《あぶ》り出す。そうして、その業因縁を果たしてゆくわけじゃ。

まあ後《あと》はのう、とにかく、今真澄洞でやっちょるような慰霊の祝詞《もの》をやって、大祓詞をやりゃあそんなに、大きい違いがあるもんじゃない。この間、明寶彦から教わったようにやれよ。

高御産日の神様と神産日の神様の合体

そうして、それができたら、いよいよタネオの大神様がお待ちかねじゃ。また、大変な宝を畏くも住江の大神様が一緒に拓《ひら》いてくださるというわけじゃから。まさに高御産日の神様と、神産日の神様が、ここに合体すればどのようなことになるか。

すなわち、ここに水と火が合《あ》わさることになる。「す（統）・ゆ・み（水）・ほ（火）・ゆ」じゃ。のう。「す」から下りて来たものが、この「み」「ほ」、水と火を通って、ここに偉大なものが結実して、現れることになる。水だけでは駄目で、火だけでも駄目じゃが、これが合《がっ》すると、のう、ここに「もの」が現れる。そういうことになるんじゃよ。

「す」からおりて来た「もの」が現れる

いよいよここに、その「す」から、下りて来たものが、ここにさがって来て、そして、お前の「す」として、ここに響き渡ることになる。しかもそれが、ここに「もの」が現れる。えいかのう。上津彼方の「す」が、お前の「す」の中に鳴り響くようになる。なおかつ、ここに「奇しきもの」が生まれる。現れる。

一杯貰うてこいよ

そうしてそれをもって、これからお前が、この夏の行において、騒々しいこの世界を捨ててナナヤへ行かなあいかん。えいかのう。今度は間違《まちご》うのう行かないかんぞ。そして、あんまり険しゅうないように今度は、取り計らうから、のう。

それでのう、話はのう、それからじゃが、これがまた面白いことになるぞ。色んなものを一杯貰《もろ》うてこいよ。これだけは貴照彦、遠慮をするなよ。自分で「あれを呉れ」「これを呉れ」と言って頼むんじゃよ。そうして、駄目だと言われりゃあそれまでじゃが、貰《もろ》うてこい。そして向こうの世界をビデオに収めてこい。構わんぞ。えいか。そうして、真澄洞の者たちに、そういうものを見せてやれ。そうして話をしちゃれ。

その話が『神界物語』後半の始まり

その話が、これからの『神界物語』の始まりになる。『神界物語』の後半の始まりじゃぞ。えいか。こりゃあなかなか大変なことになる。のう。その本の中に色々賜ったものの写真を載せてやれ。そうやって、この地球の上でのこのこと、好き勝手にやっておる、まことに阿呆どもに見せてやれ。本当に何をやっちょるかのう。阿呆鳥じゃよ。そうやってちょっと目を覚してやって欲しい。

「現世」と「あの世」とが地続き

そうして、それができたら今度は、これから度々《たびたび》色んな世界へ重ねて入って、直接に色んなことを教えて貰えよ。明寶と同《おんな》じように、その扉《とびら》を開けて、宝をこの世界に産み落としていけ。えいかのう。

そうして行くと、「現世」と「あの世」とが地続きになって、ズズズズーーーーっとすぐに入り込めるようになる。貴照彦のう、ここに居《お》ってのう、そのままズズズズーーーーっと、入って行けるようになってのう。

ナナヤに新しい神殿を創ることをやっちょる

この真澄洞という、この道場が、ご神殿が、そのまま向こうの世界に地続きとなって、直接に大きい、大きい計画《はかりこと》をなすようになる。これがのう、えいか、ナナヤに入って、ナナヤの中の一つの神殿として建つんじゃよ。えいかのう。今、お前がやっちょることは、ナナヤに新しい神殿を創ろうということを、やっちょるわけよ、のう。ナナヤの中にも新風《しんぷう》を、新しい風を入れて、そうして、そこにまつろうて居る者たちに見せてやって、信仰するとこうなるということを、教えてやらにゃあいかん。そういうような、ぬるま湯でもあるんじゃよ。

貴照彦のう、今話しちょる中で、何を言っておるのかと、とんでもない話と思うが、これがのう本当なんじゃよ。そのことを今、ナナヤの大神様が願っておられるのじゃ。のう、話が、わかったかのう。ハハハハ……。

「十言神呪」が二十一世紀の宗教

面白いことになるぞ。これが「十言神呪」が二十一世紀の宗教じゃと、いうことの意味じゃ。そうしたら貴照彦、この周りはのう、新しい神社となる。えいかのう。その神社は「タネオ神社」じゃ。のう。まさしく少彦名の大神様をお祭りすることになる。

そうして、ここに、神産日の神の住江の大神様をお迎えをし、そうすると、その中心が、天照大御神から「す」―天之御中主命―に直通する、実に偉大なものになって、まさに貴照彦が言うたように、「十言神呪」は、次の時代への「予言の書」にもなる。

地震もコロナもこれから起こる戦争も新しい時代へ向かうための一里塚じゃ

どうじゃ、あんまりしゃべり過ぎたのう。まあ、そういうことで、うんまあ、地震もええわ、コロナもええわ、みんな新しい時代へ向かうための、それぞれの一里塚じゃ。これから起こる戦争も、その一里塚じゃ。のう。「十言神呪」が根付くためのものじゃ。そう思うてやれよ。んー今日はちょっとだけ、面白いことを言うたのう。

貴照彦のう、今日のこのお祭りに、真澄洞の厳の神たちはみな、わしの話を聞いてくれちょるぞ。のう嬉しいと思わんか。こうやって、先々のものを聞けるというのは、そんじょそこらの、法話ではないぞ。んんん……。[終]

令和三年三月二十七日　四月一日から四月十三日

【巻十一】住江大神のお言葉と明神のご解説

令和三年三月二十六日、「タネオ神社」の月例祭に併せてキリツマ祓式を執行した。二十七日の「三字観法《みじ》」において、門田先生より「タネオの大神様よりお伝えすることがあるので用意をするよう」にとの伝達があった。今日は、自動書記で先生にお尋ねしようとテーブルを出したが、変更し、四月一日からの行のことについてお教えいただくことにした。三字観法は、お言葉をいただく前の禊です。

〈タネオの命〉のお言葉

吾れはタネオの命です。吾れはタネオの命です。

汝貴照彦、これの大年の「節分祭」より草ぐさの大御祭《おおみまつり》終えてここにあることを、まことに嬉しく思います。

いよよこれより春の奇すしき行《わざ》にかからんとするにあたり、ここに伝えます。それはこれの大きい荒業《あらわざ》のことです。

住江大神が毎日お立ちになられる

既に伝えたように、畏くも住江大神はここに毎日お立ちになられ、雄走りを通わせられ賜うのです。そして、その雄走りに対して、真澄洞の厳の神たちが仔細に解きほどき、「解説があり」ます。住江大神よりの大きい御教えの数々は、畏くも天津神々の世界のことです。また、国津神々の世界のことです。これらが整ってこそ、正《ただ》しい「惟神《かんながら》の道」となるのです。

［汝は］このことを解き明かしては、大御宝たちに解き諭《さと》し導きなさい。このことは、日本《ひのもと》における道標《みちしるべ》と共に、外国《とつくに》における道標となるものです。またここに、草ぐさの宗教がありますが、その僻事《ひがごと》を縷々と述べます。

この春の行は一日《ついたち》より始めて、厳の神々の御祭りの日まで続きます。四月《うずき》の「厳の神」の御祭りにおいては、善言は龍神の善言のみにとどめなさい。畏くも住江大神の善言があれば、直ちに大雄走りを賜ります。

須佐之男命がお立ちになられる

さらに翌日は、畏くも須佐之男命の奇しき詔を賜ります。これはすなわち、「ムユの秘伝」です。この畏き御言葉を写し取りなさい。次いでここに、私よりさらなることを伝えます。

したがって、ここにおおむねに二週間で終ります。この行は、さらに延長されることがあります。どのようになるかは、ナナヤ大神の大詔のうちにあります。

それ故に、奇しき「ムユの法《のり》」を賜ると自在となります。すなわち、「ムユの法」によって上がれば、そこに見えるのは正一位フッキラの命の大龍車です。この龍神の荘厳なることは、譬《たと》えようもありません。

吾れ、このたびの行のことについて、いささか伝えました。

しかして、これより住江大神の善言を唱えなさい。［終］

行に入りますと、神々のお言葉は、祭典など特別なことがなければ、一日に三回いただいています。今回は、一日の最初に住江の大神様のお言葉を賜り、二回目三回目は、そのお言葉に対して正一位の明神様方から、交替で解説のお言葉があるということです。

大変珍しい形での行になります。またそれだけに、どのようなお話を賜ることができるのか、楽しみでもあります。

正一位タケシツカサ明神は、「はじめに」にあるように歯切れのよい「である」というお言葉ですが、他の明神様は「です、ます」です。言葉使いが異なると読み難いかと思い「です、ます」に統一しました。

本文中において、大神様や明神の神々から、貴照彦と呼びかけられるのですが、煩わしいので、多くを汝に変えてあります。

一、大神様のお言葉

〈住江大神〉のお言葉

吾れは住江大神なり。吾れは住江大神なり。

汝真澄洞貴照彦、これが現世《うつしょ》にありて、その生活《なりわい》を修めつつここによくぞ辿《たど》り着きたりや。

住江大神、神産日神の御力もちて

吾れここに、汝に明らけくなさんず。その奥深き扉を開けんとすは、まことに奇しき、また清浄にして、綺羅《きら》びやかなる世界のことなるなり。単なる綺羅びやかなる、荘厳世界にあらずなり。これあくまでも清浄にして清々しく、奇しびの光背《こうはい》に包まれたる、麗《うる》わしき世界なるなり。

吾れここに、これが現世《うつしょ》の中に現れ、その身を輝かせておらんずの、その世界のこと伝へんずや。

吾れ住江大神、これ、神産日の神の大いなる御力もちて、上と中と下とのなべての世界に「真理の火」を伝うるべしと、現世《うつしょ》に現れては、草ぐさの詔を運びてあるなり。これ、真理《まこと》を伝うるは、まことに難《がた》けれや。

上品中品下品を問わず生きる道は「十言神呪」

されどもここに、上品《じょうぼん》の者あり、中品《ちゅうぼん》の者あり、下品《げぼん》の者のあらんずや。さればその教えの中に、上品に響かんず教えあり、中品に、また下品にと響かんず、御教えのあらんずや。

ここに、上品・中品・下品を問わずして、神々の大いなる御力を賜りて、現世《うつしょ》に生きんずの道は、これ「十言神呪」なり。「十言神呪」は、上品・中品・下品にと［応じて］あらば、おのもおのも、その「十言神呪」の観法《みのり》の中より、己が身を救わんずの観法を選び出して行わんずや。

「深」十言神呪

しかしてさらにここに、「深《じん》」十言神呪のあらんずや。これすなわち、その「十言神呪」の核心たる究極の奥の奥の観法と思うべしや。これ、上品の者だけの観法にあらず。中品の者だけのものにもあらず。下品だけの者にもあらずも、ここに至るは、その「十言神呪」の観法を突き破りたる者のみの入《い》らんず世界なるなり。さればこれ、秘中の秘なり。

この「深」十言神呪は、姿を変えて部分部分に現世に現れんずことあらんずや。されどもこれ、まさに、大海に望む砂浜の中に、奇しきダイヤモンドを選ぶが如きなり。

これよりいよよ汝《な》がなさんずことは、これその「十言神呪」の世界を突き進みて、「十言神呪」の裏に秘めたる世界を明らけくなすことなり。さればここに、「深」十言神呪の世界の薄ぼんやりとした世界が、汝が眼《まなこ》に明らけくなるなり。

しかして、その「深」十言神呪の世界を見せんずは、これ『神界物語』の後半のことなるなり。

これ、その種を現世《うつしよ》に産み落としてゆくべしや。これ二十一世紀、二十二世紀と、さらに続く世紀における新たなる御教えとなるなり。

宗教の変革せざるを得ない様を現す

汝、これが真澄洞の明かり、灯火《ともしび》は次第に、燎原の火の如くに燃え広がりては、新たなる宗教となるなり。新たなる「キリスト教」の如くなるなり。すなわちこれより、草ぐさの宗教の変革せざるを得なき様《さま》を、次第に現すなり。これ令和の時代の大いなる働きならんずや。

汝、これが令和の時代を生き続けては、日の本にあらんずスメラミコトの先導をなして、現世《うつしょ》を一度去らんずや。しかして再び、ここに現るなり。不思議なるかな。

汝、いよよこれ、大いなる変化の現れておるは、今の地球《ちだま》の上のこと見れば、よくわからんずや。これその原因、出所、その動機の如何を問わず——新型コロナウイルスのことか——、これ神々の計画《はかり》しものにして、その変革の歩みの中にあり。

タネオの命、高御産日神の大いなる計画

しかしてここに、真澄洞、その歩みの遅々たるとあらんずも、これ、なが妻《いも》と共に歩まんずや。これ、天津神国津神、神々の灯しし大いなる光なり。ここに来たらんずは、これ畏くもタネオの命、すなわち、高御産日神の大いなる計画なれば、いよよここに吾が火を灯しては、〝すゆみほゆ〟新たなるもの現るるなり。汝、これ吾が宣《の》りしこと露忘るるなく、市井《しせい》の中に慎ましく清らなる生活《なりわい》をなすべしや。

吾れいよよ、吾れいよよ、この言葉《ことのは》を入口としてさらに、縷々と伝へんずや。汝、さらに真澄洞厳の神々草ぐさに導かんずや。

汝さらに、明朝吾が来たるを待つべしや。[終]

二、「十言神呪」世界の全体

〈タケシツカサノ命〉のお言葉

正一位タケシツカサ明神です。正一位タケシツカサ明神です。

汝、まことに目出度い。我々「厳の神」たちもまことに目出度い。それは、この「十言神呪」世界の全体について、門田博治先生、すなわち今、正一位明寶彦先生を通して我々が与えたが、それがこうして花開き、その「十言神呪」のさらなる全貌を伝えることと相成った。まことに嬉しい。

我々も学んでいる

そしてそのことは取りも直さず、この日が来たように、我々もまた、この神々の世界の中において学びをなし、そして、それらの縁《ゆかり》ある大神様たちの御許に伺い、詔を賜り、教えを賜り、こうしてこの時を迎えたのです。

「厳の神」たちは、つねに一堂に会することはないのであるが、おのおのにそれを持ち寄り、まさに今地球の上において行われておるが如くに、インターネットを通しての画面・画面を通しての会話でもって、その情報のやり取りをして来た。どのようにしてこれを、我々として伝えてゆくのか、それらを草ぐさと話し合いをしながら、今日のこの佳き時を迎えた。もちろん、すべて畏くもタネオの大神様の采配であることは言うまでもないことです。

このたび、我々「厳の神」たちに、その解説を賜ったことには深い理由《わけ》があるのです。直接にタネオの大神様よりのお導きがあれば、いわば話は早いのであるが、そうではなくして、我々厳の神たちが解説することを賜った。すなわちそれは、我々厳の神たちのまぎれもなく学びのため、精進のためであるのです。

水火《みほ》の交わり

今、この地球上において、けたたましく新型コロナウイルスの災いのことを伝えているけれども、我々は、それにも携《たずさ》わり、学びをしながら、ここに伝えておるのです。

しかし、さらに深い意味がある。それは、先ほども畏くも住江大神さまよりあった通りに、〝み〟と〝ほ〟、すなわち、〝水〟と〝火〟の交わりがなければならない。水素と酸素との交わりによって、ここに水という物質が現れる。そのように、天津神と国津神とのやり取りが、ここに現れて来る。我々はこのたびここに、天津神としての住江大神の御許において、その御名においてここに伝えるものです。まず、そのことを伝えておく。

大国主命

さて、今朝《こんちょう》の住江大神さまのお言葉の中において、数々の不思議なお言葉があった。「十言神呪」の世界と「深《じん》」十言神呪の世界との関連において、また、人々の縁《えん》の、ご縁の、上品・中品・下品を通して「十言神呪」との関係についても、お話しになられた。

まことに不思議なことであるが、まずもってこのことを伝えておきたいと思う。この「十言神呪」というは、五柱《いつはしら》の大神様の御姿《おんすがた》を捉えられています。十《とう》のうちの半分は五つであり、天之御中主命、天照大御神、少彦名命、住江大神、そして、大国主命であられる。

この五柱《いつはしら》の大神様の御許《おんもと》に、国津神として大国主の大神様がおられるのであるが、この「十言神呪」の中において、我々の世界の上にある。我々の世界というは、この現世です。それ故に、地球の上において生活をする人間にとって、より関係のあるのは大国主の大神様であり、その他《ほか》の四柱の天津神々についてては、まことに遠い世界のように思えてくる。そこの中に、神々の不思議さが隠れているが、この人間の成り立ちから考えて、大国主の大神様の影響のより大きいことは明らかであるのです。

大国主命と住江大神

大国主の大神様は、この地球の上の人間に多くの種をまき、その種がすくすくと育つことを願っておられる。そこに、その修行のための種をまき、育てておる中に、本物の者を、生み落としてゆく。それが住江の大神様より送られたところの真理を伝えんとする者であるのです。まことを伝えんとする者であるのです。

そこに上品・中品・下品の三品《さんぼん》のあるは、大国主の大神様の植え付けられた種の中には、まことに草ぐさの種が雑居して生活をしておるからです。それらを引き付けて、縁《ゆかり》のある者に結び付けて、それらを導かんとしておるのです。

三品の教えと一つの教え

一つの教えでは、すべての者は救われない。すべての者を救うには、網の目の小さいもの、そして少し大きいもの、さらに大きいものと、それぞれに網の目を違えて、それらの者を導こうとしておる。これが、現実の今までの宗教のあり方であった。

特にこのことは、この日本において、そういう大きいものがあったのです。

また、インドにおけるバラモン教においてはそういう傾向がある。ところが、イスラム教の中においては、これがすべての人間を同一とみなして、これを同じように導こうとしておるのです。

また、中国における儒教のように、すべての者を導こうとする中において、おのおのおのもに人間としての覚醒を、目覚めを求めるものもあります。そこの思想の中においても違いがあり――儒教の中における思想の違い。孔子、老子、韓非子、朱子学などと――、これがすなわち、おのもおのも上品・中品・下品にと、それぞれに合う思想を生み出してゆくこととなる。一見《いっけん》思想の流れとして、草ぐさのものがあるように見えるけれども、それが、儒教であるのです。

大国主命のお働き

このようにそれぞれ、上品・中品・下品のおのおのの者に対して導きをなそう、教えを垂れんとする教えもあれば、ここにイスラム教のようにすべての者を一堂に集めて、一つの教義をすべての者に植え付けようとするものもあるのです。そこには、上品・中品・下品の違いはないのですが、このようにそれぞれの宗教においては、教えの違いがあるものです。またここの中に、一神教と多神教との教えの違いがあるわけです。

それらのものが、この大国主の大神様のお働きの中に入っておるのです。この違いがどこにあるかといえば、大国主の大神様のまかれた種の中において、その種がすくすくと育つものもあれば、異なるものもあり、それらを振り分けながら、国々に、草ぐさの国々の宗教の中に入れ、さらなる修行をなそうとするものです。

「十言神呪」の世界をもつ

ここに、その外の世界──国津神の世界の外──を見せなければならない。地球の上に人間という人類が現れたが、そのままに突き進んでゆくならば、人間が滅びるであろうということを、予見するのです。

すなわち、日の本においては、天津神・国津神にまつろい、畏くもスメラミコトをいただく国であり、この「十言神呪」の世界に比較的合っておるのです。そういう世界になっておるのです。ところがそのような、いわば「十言神呪」世界の全体というものが、外国《とつくに》には無い。あっても少ない。それ故に、この「十言神呪」世界というものを、世界の中に推し広めてゆかねばならない。それが『神界物語』の重要な一歩であるので、それを落としては、元も子もないのです。

この「十言神呪」を推《お》し広めようということは、日本にある、あるいは仏教の中にある、万物に「仏の性」が備わっておる、そういうようなことではない。

すべての人間は、天津神・国津神の世界の中に存在することを、知ることが重要なのです。天津神と国津神、このことを如何にして、地球の上に生活をする者たちの上に植え付けてゆくか。これが、この世紀であり、次の世紀に至る大きい課題となるのです。

第四の組立ての世界

今真澄洞の「十言神呪」について、「第三」の「十言神呪」について伝えたけれども、「第四」の組立てにおける「十言神呪」は、まさに狭い範囲の人間についてのことを伝えているが、実はその外の世界の中について、もっともっと秩序と調和のとれた天津神の世界のあることを知らさねばならない。こういう意味において、「十言神呪」の世界の全体に対して、第四はいささかこれが足りないものがあるのです。

ここに、この第四の「十言神呪」についても、その組立てにおいて少し変えざるを得ないところがあるのです。第四は、『十言神呪』を上梓した後《のち》に気が付いたように、そこに第四の組立ての本質があるのです。すなわち、そういうところが、この上――神様――に対してだけではなくして、横――相手――に対してもあるが、それらが次第にわかってくるでしょう。

人間は間違ってもよい

こうして、人間は、人間として生きるためには、「十言神呪」の世界の全体に生きねばならん。肉体を持つ人間の取りまとめをされるのは、大国主命であるのです。

人間は、この肉体という衣を、着るが故に、まことに、まことに生きることにおいて間違いの多いものであるが、間違いが多くてよい。しかし、そこの中から目覚めねばならない。これが人間というものを、生み落とした理由であるのです。

人間は、間違ってもよい。しかし、その中から悟り、目覚めねばならない。目覚めることのない者が地獄に行くことになる。可哀そうな人間であるのです。

今、まことに草ぐさの病が現れては、草ぐさの手当をしながら、人草たちは生活をしておるけれども、これとてもその病は、それぞれに神々の与えた、大国主の大神様の与えたもうた導きである。その中に喜び、生きねばならんのです。

国津神々の世界の解明

さてそこで、ここに「十言神呪」の世界の全体として、五柱の大神様のお名前を出したが、さらに、国津神々の世界として、さらなる神々がおられる。すなわち、真澄洞に祭るが如くに、日本の、この自然の中に神々を産み、求めたのです。

そのような神々の中において、そこから、真なる神々が生まれて来た。すなわち、大山祇の大神様であり、そして、金山彦の大神様の如く、また、真理の大海の中に住江大神を見た。あるいはまた、天津神より国津神として降《くだ》られた神々もおいでになられる。そのような国津神々の世界について、これを解明しなければならない。

国津神々の組立て

この国津神々の世界は、この「十言神呪」の世界の全体の中に、小さな瘤《こぶ》ではないけれども、瘤の如くにくっ付いたもので、それを明らかにしなければならない。こうして、天津神の「十言神呪」の世界の全体が完成をしてゆくようになるのです。

それは、「十言神呪」の中から派生するところの、国津神々の「十言神呪」の如く、組立てのある世界があるのであって、それを産み出ださねばならない。

これは、大国主命を頂上とするところの、新たな国津神々の世界の全体であるのです。すなわちこれは、汝が、「十言神呪」の「もう一つの組立て」（拙著『十言神呪』九十二頁左図）として、奇しくもその片言《へんげん》を表しているところに面白いものがあるのです。「もう一つの組立て」は、そのようなものであって、国津神々と人間自身との関係におけるものが多《さわ》にあるのです。これがどのようなものになるかは、これまた今回の行《ぎょう》における一つのテーマと相成るのです。

「十言神呪」の奥に突き進む

そうしてこの、第三の組立ての「十言神呪」の世界の全体と、大国主の大神様を中心とするところの国津神々の世界の全体とを、併せて考えてゆくとき、「十言神呪」の本当の、真なる奥に進むことになる。そのことによって、この地球の上の国津神々と天津神々とのことが、次第に明らかとなって来ます。それが「十言神呪」の奥に進んでゆく、突き進むということの意味であるのです。

これらの真のありようというものは、上品の人間だけ、中品の人間だけ、下品の人間だけというものではなくして、すべての人間がこれに取り組み、目覚めねばならない。そういう核心を突いたものであるのです。

受け取り方は任せる

そうして、それを伝道するにおいて、ここに、おのずと上品・中品・下品の、捉えるところの異なるのは、やむを得ぬことです。それは、それぞれの人間に任せればよいことであるのです。

苦しい病などを得たが、そこから立ち直る。こういう下品の身を頂戴したが、救われる者もあろう。我儘や勝手なことをしながらも、さらに地獄に落ちんとするときにハッと目覚める者もあろう。そういう下品の教えでもあるのです。

しかしまた、上品の者であっても、これで良しと思った途端に、中品に下品にと落ちる。その捉え方を誤れば、救われざる者であるのです。

おのおのにそれらを掴《つか》まえてゆかねばならない。またそのことが、己の生活《なりわい》の上に現れてくる。すなわち、生活と結びついておるのです。人間は、この「十言神呪」を、そのように学んでゆかねばならんのです。

「深」十言神呪の世界

またここに、その奥の奥に「深《じん》」十言神呪、深い「十言神呪」がある。これがまさに、その天津神の世界の全体を深化させたものである。「深」十言神呪とは、そのようなものになっています。

しかし、天津神々のこの世界も、捉えることはまことに難しいので、これを何程かでも人間の上に残し、導いてやらねばならないだろうというのが、この『神界物語』の後半です。すなわちこの『神界物語』の後半というのは、すでにわかる通りに「深」十言神呪の世界でもあるのです。

この『神界物語』の前半は、まだ十分ではないが、国津神々の世界の全体を述べている。さらにその続きは、この『神界物語』の後半の前半において明らかとなって来るのです。後半はそういう「深」十言神呪の世界となるのです。

三、『神界物語』は序論・本論・予言の三部

吾れタケシツカサ、「十言神呪」と「深」十言神呪のことにつき少し伝えた。いよいよこれから、さらにその「深」十言神呪、「十言神呪」を支えるところの、この真澄洞の問題について伝えねばならない。吾れタケシツカサ、このことについてさらに伝えます。

正一位タケシツカサです。正一位タケシツカサです。
吾れさらに、真澄洞貴照彦に伝えます。新しい時代を誘わんとする、リードをせんとする、あるいは、導かんとするこの哲学が、いよいよ真澄洞より生まれることに、まことに嬉しく、嬉しく思う。

真澄洞のこと

この真澄洞は、すでに知るが如くに単純に申せば、「竹の園生」を支えるところの、重要な役割を荷っているのです。そのことを、決して忘れてはならない。このことが、この真澄洞の存在を、まことに大きく高らしめているものであるのです。

このことと、次の時代をリードしようとする『神界物語』が誕生することです。その両者を、併せ考え、導いてゆかねばならんのです。

そこでこの真澄洞、先に伝えた如くに、いよいよ不可思議なさまを呈しつつここに、汝自身はといえば、その身を市井の者と同じく生活をし、その姿を大きく見せることなく、時代のためにあらねばならん。まことに重要な使命があると思って、これを守り抜かねばならんのです。

そして何よりも重要なることが、汝がその船頭として、導き主として、この現世《げんぜ》にしばし留まっておらねばならん。このことが、まことに重要な鍵となる。まことに重要な鍵となるのです。

今、日本のみならずこの、地球の上を見渡しても、この真澄洞の如くに澄み切り、そしてその身体を清浄に導く所は無い。その身体を清浄に保つ者を、これより作って行かねばならないのです。汝に、弟子を未だに与えなかったが、それは汝に、この現世《げんぜ》において長生きをさせるという意味において、慌てる必要がなかったのである。今、間もなくその時がやってくる。汝《な》が子供《みこ》たちの内から現れて来るので、それを待つがいい。十分に汝と交代をしながら、できるようになるのです。

「厳の神」を迎えた

そして、汝は、汝が妻《いも》と共に、少しでも健やかにあり、この神祭りが疎かになるようなことがあってはならない。

その意味において、こたび、汝が妻の仕事を終えるにあたって、新しい厳の神をここに迎えた。「厳《いつ》の神」の力はまことに大きいものがあるので、その、御稜威《みいづ》の中に、御稜威の中に御霊を輝かす。クシ、サク、まことに奇しびに開く、その御霊を擁する、持っておる、龍神《たつみかみ》であり、そして、女の龍神であるのです。

本来において、この女の龍神は玉を持つものであるが、その玉を、それぞれ荷うと思われる者に授け、伝えて、その人間を育ててゆこうとする働きをなす。

それはどのような効果をもたらすのかといえば、すなわち、その人間の御霊《みたま》を浄化する。簡単にいえば、それが心身の健康をもたらすこととなるのです。

今、古希を迎えたとはいえ、まだまだその身は健やかとなるのです。それがまた、新しい明神を造ることへと、突き進んでゆく。それは、まだまだ後《あと》のことであるけれも、そうして、この現世《げんぜ》の中においても、次第にそのような歩みを汝と同様に、共に神々に仕える、神々と共に歩む生活と相成るのです。これが重要なことです。

集う者の玉を育てる

今、汝の人柄に触れて次第にここに集う者が増えてくるのです。それらを、妻と共に育ててやるがよい。それは、クシサクタマ姫命の「玉」を授かるのです。クシ、奇しびな、サク、これは木花咲夜姫命のサクであるが、この玉はまさにまん丸い、優れたる玉であって、優れた玉《ぎょく》であるのです。

これは魂《たましい》ではない。本当の玉《ぎょく》です。玉《ぎょく》を与え、サクタマ姫命を祈る者に対して、その者の玉《ぎょく》を育ててゆくのです。

ここに、もし集わんとする女性がいるならば、その女性にはこのように教え導くがよい。必ずその縁を、真澄洞と結ぶことと相成るようになるのです。また少しずつタネオの大神様の御前に詣《もう》でるとよいであろう。

いよいよここに、その時来たならば、汝貴照彦は、その枯れた御身《おんみ》をもって神界との行き来は自在と相成るのです。

ナナヤ大神様の御心

これらのすべてにおいて、今まで汝に、［人の病を癒す法などを］授けなかったのは、これを妄りに使って欲しくなかったが故であるのです。それが、ナナヤ大神の御心です。

そして、汝を清浄に、清浄にと導いてこられた、ナナヤの大神様のその御心のうちをわかって欲しい。

「竹の園生」に対して

それ故に、「竹の園生」を導くことができるのです。神界との自由な［行き来］が自在と相成り、それが「竹の園生」に対する大きい力となってくるのです。スメラミコトは、天皇陛下は、ここに次第に目覚めることと相成るのです。

そして、本当に天津神と国津神とにまつろう生活を、さらに奥深く突き進むことと相成るのです。今のこの姿よりも一回りも二回りにも大きく育つこととなるのです。

それらのすべては、汝にかかるのです。自覚してその時を静かに待つのです。おのずとその状況が解《ほど》けるのであって、今回のこの行が終われば、すべてのことが明らかとなるであろう。

先に、飛鳥大人よりまことに不思議な言葉が下がったが、まこと不思議、不思議なことであるが、これがナナヤの大神様の願いであるのです。ナナヤの大神様の願いであり、この日本において、「竹の園生」をしっかりと支えるところの拠点とならねばならんのです。

それを、単純に「竹の園生」の表鬼門として説明をしたけれども、そういう鬼門を守るという意味もあるのです。その場所が、この地であるとは限らない。さらなる清浄なる所を得て移るやもしれない。

しかし、表鬼門になることだけは、押さえておかねばならんことです。この日本にあって、真澄洞は、竹の園生に対してそのような働きをもつのであるのです。

今、汝の「竹の園生」に対する行《わざ》は、まことに薄皮の剥げるが如くであるけれども、その極意をすでに体得した者であれば、それはおのずとわかるであろう。日に異に続けてやらねばならん。これが真澄洞の汝の役割であるのです。

予言の書

ここに今一つ述べておく。この『神界物語』について、さらに伝えるならば、前回において、この『神界物語』は、「十言神呪」の裏の話と、そして「十言神呪」の世界とが、後半において混じり合わさることになると伝えた。『神界物語』の後編においてである。

ここに、さらに重要な問題があって、その後編にさらに続くところの『神界物語』をなさねばなるまいかと思っておるのです。すなわちそれが、これからの地球の行方を、地球文明の行方を記した、不思議なる書であるのです。

これを貴照彦が、『神界物語』の後編において、草ぐさの神界に入《は》いり、眺めて賜ったものを記すのであるが、そのいわば余禄《よろく》としてのものが、多《さわ》に生まれてくる。それは、天津神と国津神が、これからこの地球の文化文明をどのように導こうとするのかという、思いです。すなわちそれが、地球の人間からいうならば、未来を予見するところのことになるのです。それが、次の『神界物語』になります。

いわば、今回のものは、すでに賜ったものは『神界物語』の序論であり、そしてこの夏よりの『神界物語』が、『神界物語』の本論であり、さらに『神界物語』の三つ目は、この地球の行方を記したものになるのです。これらはすべて、その国々における国津神，すなわち、偉大なる明神における話の中において現れます。

これらが、これからの二十年間の間において、何とかものにしなければならない。それはまことに重大なものがあるのです。

須佐之男命

今ここに、そのような行の第一歩としてのことを、軽々と言うことはできないが、伝えることができないが、もうすでに、すぐにその身は軽々と浮き上がることのできる身体を作っているのです。そのことも知っておくとよい。後は、これを如何にして、その「ムユの法」を正しく使うか、そのことに尽きるのです。

このことにつきては今回、畏くも熊野大権現すなわち、須佐之男の大神様より、御身を現されてここに伝えることとなります。地球《ちだま》の上において、その底の底に鎮まられる唯一の神は、須佐之男命であられる。そのことをよく腹の中に収めておくとよい。

それだけ、この真澄洞の汝に寄せるところの大きいものがあることを知って欲しいのです。この真澄洞に対して、若干のその抵抗のあることは、心得ておるけれども、それらは何の心配もいらん。正一位マノミチノリ明神に任せておけばよい。これもいずれ、溶け消えてゆくはずです。汝が、「十言神呪」の真の継承者として、大いなる力を発揮し、立つことと相成るのです。

吾れタケシツカサ、今日のこの住江大神の御詔《おん》に対して、少しく詳しく解説をしてまいったが、吾れがいい足らざるところは、さらに他の明神より、言葉があるであろう。

明日は、正一位トキツハナノヰノ明神より詳しく、仔細に明らかにされることがあります。汝にはまことに不思議な世界を歩ませておるが、その意味がわかるであろう。以上。

四、大神様のお言葉

〈住江大神〉のお言葉

吾れは、住江大神なり。吾れは住江大神なり。

吾れ汝真澄洞、貴照彦伊《い》に、さらに伝へんずや。

マノミチノリ命の導き

汝これが、現世《うつしよ》にありて、これ畏くもタネオの命の誘《いざな》いのままにあり。しかしてここに、これ「十言神呪」を開けし、畏くも今し正一位マノミチノリ命、正一位明寶彦命《あきみたからひこのみこと》の、その御教えの中に、その霊統を引き継ぎてありしを、まことに目出度しや。吾れ言祝《ことほ》ぎまつるなり。

これ正一位マノミチノリ命、現世《うつしよ》にありしとき、これ苦難の中にその学問を修めて、ここに、ここにタネオの命の誘いて、「十言神呪」の「道の道《どう》」、第四の「十言神呪」を啓《ひら》かんずや。

しかして、汝、それ幼き学びの時よりまさにこれ、マノミチノリ命に親しくし、ここにその大御稜威賜りて育つなり。

汝が父親《たらちほ》、またしかるなり。父親まことに偉大なるかな。これ貴照彦を育てたるなり。

しかしてさらに、正一位マノミチノリ命、これ汝を正一位明寶彦との出会いを作りたるなり。これらなべてタネオの命の御許にて、マノミチノリ命の運びたるなり。

汝のなすこと

これ敢えて汝を学びの道に就かさざるは、これが「十言神呪」を引き継がさんずがためなり。しかしてここに、いよよ次第に「十言神呪」の堂奥《どうおう》に向けて入《い》らんずや。これ吾れ、昨日に伝へしところなり。

汝が現世《うつしよ》になさんずこと、まことに多きかな。多《さわ》にあらんずや。それら奇すしき行《わざ》、それ宝の扉開けては、現世《うつしよ》残して行くべし。後《あと》より、親しみて付いて来る者［たちは］、それを灯台とすべしや。

ここに導かれる者は十人

吾れここに、その奇しびの導かんず者、これより十人《とたり》来たるなり。

十人来るなり。されどもここに、三人《さんにん》は異《い》なるかな、己の学びの正《ただし》として、ここに外に出るなり。すなわち「十言神呪」の別派なり。

汝この者たち、追うことなかれや。また、一門よりの破門をすることもなしや。これ行くがままに任せおくや。これ人の世の常にして、己が学びの正しとし、人を従わさんとするは、これ人の性《さが》なりや。

正統の「十言神呪」を引くは、これが真澄洞なり。残りの、七人の弟子たちは、汝の御子を、これ盛り立てて、次なる代《だい》を創るなり。

大山祇命の詔の如く

しかしてこれ、先に畏くも大山祇命の告《の》りし如くに、道場を建て、専属の神主などを置かざることなり。如何ようなる誘《さそ》いを受けても、これ世に明るくなすことなし。ひたすらにここに、「竹の園生」のことを守り、しかして、「十言神呪」の堂奥［に諸人を］誘《いざな》うべしや。

これ、その異《い》なる道［を］外した三人《みたり》の者は、ここに大いなる、建物を建て、専属の神主を置かんとすも、これいずれにか瓦解すと思うべし。その者たちの、これ、「ナナヤの宮」に入ること能わざるなり。

しかして、これが二十一世紀、二十二世紀と、諸人《もろびと》を守る、その御教えを根底より守るべしや。

真澄洞の祭祀

いよよ汝、これ、現世《げんぜ》にありて、「ナナヤの宮」上がりし時、正一位、正一位トキツハナノヰノ命、また正一位アキヒイラギノ命、さらなるその、節分の「人形《ひとがた》」の大いなる解釈——「人形瞭示祭《りょうじさい》」において賜る数字の解釈——を教えんずや。汝これ学びて、次の御子に伝へるなり。

これ、真澄洞、「節分」の御祭り、また「明魂」の御祭り、「大祓の式《のり》」もて、ささやかに生きるなり。その徳の、バーチュ（Virtue）の偉大なること奇しびなり。まさしく、神上《あ》がりなすなり。

継　続

汝が、これ石黒家の上に御霊落ちし、ここにまことに、石黒家を中心とする御霊たちのこれ罪科穢《つみとがけがれ》を落として、大いなる家とこそ運びてあるなり。

これ石黒家として、大いなる礎《いしづえ》をなしたり。汝草ぐさを護りて、次の御子に伝へるなり。されば、清浄なる御子の上におのもおのもその道を得て、まさしく繁栄せんずや。

吾れ、これに、今日「十言神呪」の行方につきて伝へたり。

吾れ嬉しや。［終］

五、人間の行動

〈アキヒイラギノ命〉のお言葉

正一位、アキヒイラギでございます。正一位アキヒイラギでございます。

今日はアキヒイラギ明神が、お役目を務めさせていただきます。

貴照彦さん、久しぶりでございますが、まことに、まことに、すくすくと、その状態を向上させておられまして、まことに、まことにもって、素晴らしいことでございます。

現世の台本

本当に、人間というのは、何処にどんな出会いがあって、どういうように向かっていくのかということは、本当にわからないものでございまして、それを理解して、運んでいるのは、この幽世《かくりよ》の世界からでございます。

幽世の世界は、まことに色々な台本を書いておりまして、その台本通りに、進めてゆくわけでございます。若干途中で、変更のあることもございますけれども、大きい方向というのは、変わることがございません。

点と点とを結ぶことは変わらない

その点と点とを結ぶことは変わらないのでありますが、その点と点との間の道筋は、おおむねに描き、現世《うつしよ》に落としておりますけれども、これが時として、変わることがございます。

それは、色々な突発的な出来事が起こる時でございます。それは必ずしも、本人の所為《せい》であるばかりではなくて、例えば早い話が、今起きておるこの、コロナのような状況でもって、人の動きというものが大きく制限せられながら、変化を起こしているわけであります。変化はありますけれども、その点と点との、その上下関係、あるいは順序と言いましょうか、そういうようなものは変わらないのでございます。

また人と人とのその出会い、その接点は、接点を持つことは、変わらないわけであります。そのような不思議なこの結びつきでもって、この現世《げんぜ》の世界というものは、行われておるのでございます。

御霊が人間の世界の中に誕生すること

しかし、そういうようなことよりもっと不思議なことは、この御霊が、人間の世界、言いかえますと、現世《げんぜ》の中に誕生をすることでございます。

まことに不思議な、道行《みちゆき》でもって、これが行われてまいります。

その道行は、ナナヤの大神様の御許《おんもと》で、これから人間世界を、どのように運んでゆくのかということを、計画を立て、話のストーリーを作ってゆくわけでございます。そのストーリーには、すなわち多くの国津神々が参集をし、大きい枠組みを作りながら、そこに正位の明神たちも加わり、行われるわけでござります。

しかしここに、そのようにありましても、このままでゆくと、人間世界が大変なことになってしまう。そういうようなこともあるわけであります。遠い将来を眺める。眺めながら、設計図を作るのでありますが、そういうことが起こり得《う》るのであります。

そこでここに、天津神様の方針が伝達をされ、天津神と国津神とのお働きでもって、この人間世界が、その台本が作られてゆくわけでございます。

一人ひとりの人間の台本を書く

この台本を作るにあたっては、神々は、遠眼鏡でもって、この将来の行方をも見定めながら当たるわけであります。そこには、このままの人間の姿でいいのであろうか、思想はどのように変化するのであろうか、芸術は、芸術はなどなどと、色々な変化を見るわけであります。

その先々へ思いをいたしますけれども、そこの中で、こういうことがそのままで行くと大変大きな悪しきことが起きる。そのためには、どのようにするといいのかと、運んでまいります。

そして、一つの団体、一つの会社、それぞれに、それぞれにそのような台本を書いてまいります。さらに、一人ひとりの人間についての、台本をも書いてまいります。まことに網の目の如き結びつきであり、台本であります。

次元をあげた世界の中で台本を作る

それらは、この三次元空間の中において、そのような設計図を作るのは、大変難しい問題がありまして、もう少し次元をあげたような世界の中で、そういう台本を作り上げていきます。

その台本を作り、人間の、点と点との結びつきやら、そして道行《みちゆき》を作ってゆくのでございますけれども、それらが出来上がりますと、たびたびお言葉がありましたように、その地域、あるいは国の上には、人間世界の写しがあるわけでありまして、その写しの上に、その台本を当てはめてまいります。

大神様・正位の明神・明魂・御霊・氏神様たちが関わる

これが、これがその年の、人間の行動、行いであり、それらが節分祭の「人形療示祭」の数字として現れてくるわけであります。ですから、節分祭の数字がいただけるということは、大変、人間として嬉しいことであるのでございます。そういう意味においては、あるいは選ばれた人間であると、言ってもいいかもしれません。

それはそれとしておきまして、そのような不思議な人間のこの世界を、台本に作っておるわけでありまして、それらには、神々の世界から、大神様の世界から、正位の明神、明魂たち、あるいは御霊たち、さらには氏神様たちが関わっておるのでございます。

この人間に対して、操り人形の如く糸を引くのでございますけれども、その糸を引き、手の役割をし、足の役割をし、頭の役割をする、すべてその働きのために、多くの御霊たちが、これを働かすことになります。その糸を操る御霊が、すなわち四魂に入っておる御霊であり、人間のミヨであるわけです。このミヨが、その人間を動かしていく、それは、まさにそのようにして出来上がった台本を、命じられたが如くに、それを取り計らってまいります。

ここに、明魂さまたちが付いたり、また厳の神様たちが付くことがあるわけでございます。そうすると、そのミヨがなそうとすることに対して、変更が行われるわけであります。いいことに向かうこともあれば、悪い方向に向かうこともあるのですが、それは、その明魂や、厳の神や、その人間を導こうとしてなさるわけであります。

人間

人間は、そういうこととは露知らずに、何事も知らぬが如く、すべての行動を取るわけであります。

人間には、己の魂《たましい》として一霊四魂が定まっておるわけでありますが、それらの上にこのミヨが働き、痕跡を残していくわけであります。働いた痕跡を残してゆくのです。そうして、それらの痕跡の集積したものが、肉体を捨てた後《あと》にも、己の存在として残っているのであります。そのように、人間は、ミヨの導いた、あるいは自分が行った、その功績や足跡《そくせき》がそのままに一霊四魂の中に残っております。

ですから、肉体を捨てたあと、幽世の世界に来ると、それが現れ出るわけであります。しかしそれでもまだまだ、人間は、その己の一霊四魂の中を覗き見ることはできません。こうして、その幽世の世界において、それぞれの生活をし、役割を果たしながら、さらなる人生を送るものでございます。

一霊四魂

石黒さんは、そういう意味で、まことに不思議な人生を送っておられるのでありますが、その元はどこにあるのかと言いますと、その計画の主は、すなわちナナヤの大神様をはじめとする、大神様たちです。その計画《みはかり》のもとにおいて、石黒家という中に御霊落ちをしたのでございます。すべてを見通した上で、石黒さんが将来どのようになるだろうということを見通した上で、石黒家に落としたのであります。

そこで、その石黒さんが、その前世や、その前の世の世界などにおいてどのような足跡を残してきたか、それらはすべて、その一霊四魂の中に残されておるのでございます。その一霊四魂の中のことを隠して、あるいは払拭《ふっしょく》をして、御霊落ちをさせたわけでございます。

御霊落ちをしますと、「肉の衣」というのは、まさにそのような一霊四魂を隠すためのものでもあるわけでございます。もちろん、その一霊四魂の中の足跡を隠さなくても、現世の世界に入《い》るときに、その姿(足跡)を見ることのできなかった御霊は沢山においでになるわけであります。御霊も、己の存在を知ることもなく目隠しをされて、見ることを遮断されて、さらに続きの人生を送るのでございます。――御霊は「肉の衣」に包まれ、一霊四魂は御霊に包まれているのです。――

そのような、己の存在を知ることがなくして、この地球の上の人間生活を行うわけであります。しかしそうやって、早く己の人生を、悟ることができるように、重ねて何回も何回も、死んでは生き返らせて、この人間生活をさせるわけであります。

選ばれた御霊

あまりに気のつかない時は、ここに無理難題を与えることもあります。険しい道を辿らすこともございます。そうして少しずつ、何んとか灯《あ》かりを見せてやろうと、運ぶわけであります。まことに不思議な人生でありますが。

しかしその中で、選ばれた人間が、選ばれた御霊が、人間世界に降りることもあるわけでありまして、まさに、己の姿を目隠しされた状態でこの人間世界に降りてまいります。そのミヨの働きによって導かれ、また明魂や厳《いつ》の神の働きによって修正をされ、そして異《こと》なる方向に大きく働かないように、本来の命ぜられた仕事をするようにと、その方向へ誘われるわけでございます。

石黒さんの本来の御霊においては、大変優れた、知的なものを持っておられたのでありますけれども、それを敢えて働かさないように誘い、そうしてここへ、今日にまで誘ってきたのでございます。そのような人生もあるわけでございます。

人間の道筋の変更

本当に、人間の人生というものは不思議なものでございまして、己の使命を果たすように誘われるものにございます。ですから、必ずしも明魂や神様が、その人間を物質的に幸せにするのかといえば、そういうことではなくして、その人間が本来なさねばならぬような方向へと誘ってまいります。

ですから、苦しい時に、あるいは何かの時に神社にまいりまして、お願い事をするわけでありますが、その時は、その点から点に行く道筋に変化が行われることがございます。変化が行われるわけであります。与えられた使命を果たすように、与えられた使命の道を違《ちが》えることなく、大過なくそれが運ばれるように、道筋を変更するわけであります。このようにして、人間の世界というのは、不思議な働きを持つものでございます。

点と点との接点

そうして、板付《いたつき》の学びの道に入ったり、一つの芸事に入るとか、一つのスポーツや、技術者の道に拘《こだわ》りながら生活をする。そういうこともあるのでありますが、そのような拘りは、ミヨや明魂、厳の神たちの采配の中において、なされてまいります。

そして、この人と人との交わり、点と点との接点において、これは先きの『十言神呪』の中に記してあるように、その「十言神呪」の鏡において互いに相照らし、結びつきが出来上がってまいります。それらの点と点との接点は、前世の因縁のこともあり、生まれ落ちた家々のルーツに沿って、それが行われるわけであります。大変興味のある、点と点との接点であります。

しかしそれが、点と点が触れ合っただけで別れることもあるわけでございますが、それが「袖、触るるも多生の縁」というものでございましょう。縁というのは、まことに不思議なものでございます。そうして、それがまた次の世の、新しい縁を作ってゆく種になってまいります。

しかしここに、そうゆう点と点との接点において、ここに新しい家庭、男女の結びつきにおいて、それを終生離すことのない存在として結びつくことがございます。ございますというよりは、それが男女の家庭を持つ、人間世界の楽しみであり、また、そうであらねばならぬものにございます。

夫婦の問題

少し脇道に入りますけれども、同性婚の問題などが取り沙汰されておりますけれども、まことに悲しい前世からの縁であり、その肉体がそのようなものを選ぶ、接点として持って来る、そういう不思議があるものでございます。すべてがそのようになれば、人類は滅亡するのでございまして、本来は、そういうことはないのでありますけれども、この人間世界において、行《ぎょう》を積み、次なる人生へと運ばれることと相成ります。そうして、人間としての本来の目覚めに導かれてまいります。

またここに、この夫婦もどちらの姓を取るのか、姓を同じくするとか、別々の姓で生活をするのかということが、取り沙汰されております。けれどもこれは、本来においては、全く関係のないことであります。その御霊の中にすべての記録が残されているのであるわけでありまして、何ら心配のないものでございます。

しかし、一人の人間が、この地球の上に人間生活をする上において、己の自覚を早めるものは、一つの姓に統一しておくことが、望ましいものと思われます。一つの姓に統一することによって、己のルーツがはっきりとし、自分の目に見ることができ、己の人間生活における目覚めをより早く発揮することができる。また、正確に掴むことができ、そのことによって、己の道行きがはっきりしてくるわけであります。行き当たりばったりで、どのような人生を送ってもよい、己がこの現世《うつしよ》に生まれた理由なんぞは関係のないことであるとして、人生を送ることを防ぐことに相成ります。
決して夫婦が別性であっても、生まれ落ちにおいて、混線することはございません。その三次元よりも上の、高次の世界において、その網の目を正しく、正しく記録のできておるものにございます。

ですから、先だって、石黒さんが、石黒家をはじめ四家の「特殊な慰霊祭」を三日間にわたり執行いたしましたけれども、これも、その御霊たちが決して迷うことなくここに誘われて来たのでございまして、その数は数百万柱に至るほどの膨大な御霊であります。それらの御霊の上に、特にこれから大変であろうというような御霊たちを、この神籬《ひもろぎ》の上に移したわけでありますが、決して御霊たちは迷うことなく繋がり、切り離されることはないのであります。

熊野大権現の御稜威

今一つ、重要な視点を言っておきますと、この幽界冥界において、イナルモノの存在のことを、たびたび伝えておりますけれども、このイナルモノを捉える方法があるのでありまして、それは熊野大権現の雄走りを運ばせますと、御霊達は凍りついたように動かなくなるものでございます。そうして捉えることもできるのでありますが、それらを遊ばせておくのも、仏様の手のひらで遊ばせておるようなものでございまして、また、この人間生活の続きの人生を、送っておるようなものにございます。

ですから、それらの者たちも、いずれは熊野大権現の御稜威でもって眠らされ、本当の死―魂消《たまげ》―というものを体験することとなります。

しかしそれでもまだ、巧妙に抜けるものがございまして、それは天津神から下《くだ》ったところの御霊でありまして、それが、退治をしても退治をしても、国津神の系列の御霊を引き込むわけであります。そういうイタチごっこもありますけれども、そのようにして、イナルモノも遂には、熊野大権現のもとに捕らわれることとなります。できるだけ、その御霊を諭し、和め、慈しみでもって導こうとするのでありますけれども、なかなかこれが、いつまでたっても、地獄に落ちざるを得ないようなものも大勢ございます。

さて、石黒さんの結びつきの話を草ぐさとしてまいりましたが、人間の世界は、そういう意味ですべて、神々の世界の見通しの中において、運ばれておるものでございます。

ここで、その石黒さんの奥様のことも、少しお伝えをせねばなりませんけれども、間違ったことを伝えてもまいりませんので、そのことは少し置いておきます。

いずれ私がお伝えすることになると思いますが、それは石黒さんが、さらに行を積んだ後のことでございます。あるいはそれを、遠眼鏡でもって見ることができるでございましょう。

これでもって、私の話を終わりにいたしますが、これから今夜は、そのような話をしながら、少し霊界のことを伝えたいと思います。以上お疲れでございました。

六、幽界に帰る・現世の写しの神殿

正一位、アキヒイラギでございます。正一位アキヒイラギでございます。

今宵は、少し霊界の話を、お伝えをしたいと思います。

幽界に戻って来ると

先ほどは、霊界から人間世界に下《お》りて、そして再び、霊界に戻って来る、帰ってゆくことをお伝えしました。この幽世の世界に、幽界に戻って来るということは、それぞれご自分に与えられた、その仕事を果たしてきたかどうかということが、問われるわけであります。

それを、問われないということは、決してないのであります。比較的上等な生活を送った者は、「ナナヤの宮」の門の、石堪當に手を触れるわけであります。

中有界における氏神様

その前に、人間は、この中有界にありますが、氏神様がわかる人とわからない人がいるわけであります。その氏神様は、大体、まあほぼ土地の神様であるわけですけれども、それがわかる人とわからない人とが、今、最近でいいますと、四割がわかり六割がわからない。

そういうようなことでありますが、まあその土地に生活をするわけでありますから、何らかの形でそれを理解する人が多いのでありますが、大体において、都会に生活をする人たちが、そういう氏神様のわからない人が多いのであります。いわゆる昔から住んで居る人間ではなくして、新しく入った人間であるわけです。

結局、そういう方々は、霊線をきちっと整えることができないがために、行動に余計におかしいことが起きることであります。それは、どういうことをやっておるのかということには、関係ないわけでありまして、立派な会社に勤めて居る方であってもそうでありますが、ですから余計に突発的な、そういうような問題が起きてまいります。

氏神様を探す

そういうような方々が、中有界に入って氏神様を探すわけであります。その土地のことを聞き出し、その生活や環境の中から、氏神様を見つけ出し、また、縁りの方々にお聞きしたりして、氏神様を探すわけであります。

ともかく、人間生活を終えておるのでありまして、これから、この幽界の生活が長くなるのでありまして、中有界の出口の所で、どのように日を重ねて待っていても、全然構わないわけであります。そうして、日を重ねて、それらの草ぐさを思い出しながら、ゆかりの氏神様に辿り着き、ここにようやく中有界を出ることができるわけであります。

エンマ大王の許に

そうして、道を辿って、最初の関門であるいわゆるエンマ大王の許に行くわけであります。

エンマ大王とはよく表現したものでありまして、まさに草ぐさのお顔を持つ大王であります。氏神様の案内を得てエンマ大王に辿り着きますと、それぞれの者に応じて、エンマ大王はお顔を変えられるわけでありまして、お姿が全く違ってまいります。このエンマ大王のお変わりになるその姿を現すものは、観音さんで言えば十一面観音とか、何んとかと色々と言われるものになるわけであります。

そうして、ここにもっと暗い世界の中へと、あるいは明るい世界の中へと、振り分けられてまいります。

それぞれ時間の長短はあるのでございますけれども、より明るい御霊ほど自分の持って生まれた使命を果たした者で、身が軽くなり、その石堪當に辿り着くまでの時間が早くなってまいります。遅いものは、その途中において、御霊を浄化するような所もあるのでございます。

そして、「ナナヤの宮」に辿り着くと、その門に手を触れ、ここにようやく入ることを許されるわけであります。［許されない者も当然いるのでございます。］

そこまでは、一人で行かねばなりません。道中で、この道を一緒に歩むような者はいないのでありまして、道中を歩いてまいります。そこで、己の使命を果たしたかどうかというのは、エンマ大王の前において、それを精査され、審査をされるわけでありまして、それによって道中が変化してまいります。

どの国の世界においても同じ

今、日の本のことを、頭に描いておられるのかもしれませんけれども、これはどの国の世界においても、同じことでありまして、いわゆるエンマ大王に当たる者は、お名前が草ぐさに変わってまいります。すなわちそれは、本質的には、このエンマ大王の分類であります。エンマ大王が姿を変えられて、それぞれの国々に居いでになられるわけであります。

そして、外国《とつくに》においては、その氏神様に当たるものは、外国には縁りの教会とか、モスクのようなものがございますけれども、その教会の先達であったり、モスクの先達であったりするわけです。過去に大きい業績を残された方々が、氏神様の代わりをなしてまいります。その他《ほか》の世界においても、ほぼ同じであります。

そうして、「ナナヤの宮」は、外国においては、どのようにされておるのかと申しますと、やはり同じように、この「ナナヤの宮」のような清浄な結界《けっかい》がございまして、その世界へと入ってまいります。そしてここには、「ナナヤの宮」の大神様の分霊(別け御霊)が支配をされる場合と、その国の大明神が支配をされる場合とがございます。もちろんその大明神は、ナナヤの大神様の代理を務められるわけであります。ナナヤの大神様は、その外に出ることは、ほとんどないのでありますけれども、その分霊を、あるいは分身を出されて、それらを巡回されることがございます。また、鏡にお互いに照らし合わせて、鏡の中において通信をされることがあります。これが最も早い通信手段になるわけであります。

「ナナヤの宮」に入る

さて、そうして「ナナヤ」に入りますと、その中に同じように、「ナの宮」「ナナの宮」「ナナヤの宮」とあるわけであります。ほとんど、その行動的な働きは、変わることがございません。

ここに、外国《とつくに》の「ナナヤ」に入った者の中で、選ばれて日本の「ナナヤ」に入ることがございます。別に珍しいことでも何でもなく。そのようにして、外国《とつくに》との交流が、ずっと頻繁に行われておるのであります。――「ナナヤ」のことを「ナナヤの宮」と称することもあります。――

「ナナヤ」のお社

昨日、タケシツカサ明神が、不思議なことを話されておられました。この地上の上におけるお社の上には、その写しとしてのお社があるのでございますけれども、そのお社が清浄なお社であれば、これが「ナナヤ」の全域に通ずるのでございます。「ナの宮」にも「ナナの宮」にも「ナナヤの宮」にも、「ナナヤ」のすべての全域に通ずるのでありまして、そこにおいて、お社を建てることが許されるのでございます。

それが、門田先生が、「ナナヤ」に上がられた時に、沢山の「お社」があったと言われておりましたけれども、そういうお社をご覧になられたわけであります。(『ナナヤの宮参宮記』)

信仰をした者が入るお社

その「お社」というのは、地上の人間世界に対して深く関わり、心を寄せ、信仰してきたお社であるのです。現世の写しのお社が「ナナヤ」の何処かにあるわけでありまして、その中に、ナナヤの門をくぐることができた人は、御霊は、そこに入ることができるのであります。必ず何処かのお社の中に入ることになっております。

信仰せずに、何の修行もせずに、そのナナヤの全域の中にあるところのお社の中に入ることはできません。入ることができる者は、必ず、何かの修行を人間世界においてなしてきた方々でございます。

ですから、この人間世界において信仰を持っておくということは、人間が死んだ後の、死後の人生を豊かに生きるための、生きるために大変重要なことでございます。

そうして、そこの中に籍を置き、そして、「ナナヤ」の中での仕事に務めるわけであります。また、さらに己の身を慎むこと、浄化をすることを励むわけでございます。

人間の本質は肉体でなく御霊

ですから、この人間は、人間の本質は御霊であり、決して肉体ではないのであります。必ずそこに、人間生活において培ったものがなければなりません。

もちろん、「ナナヤ」に入れないお方においても、氏神様の確《しっ》かりしておられる方々もおいでになります。しかし、それらの方々は、ナナヤとは別にまた、生活を送ることになります。そのことは置きましょう。

「ナナヤ」での生活

こうして、ナナヤでの生活を送るのでありますが、ここに、私が重要として申し上げておりますのは、清浄な神社仏閣というのは、その写しがそこの上空だけではなくして、この「ナナヤ」の全域の中にもあるということでございます。

ここの中において人間が修行するのでありますが、一つひとつのそのお社の名前、名称は、人間世界におけるものとまったく同じであります。ですから、そこを探すことは、まことに容易であるわけです。すぐにできるわけであります。

そして、「ナナヤ」に入りました者にとりましては、肉体を捨てたとはいいながらも、まだ微《かす》かな肉体を持つのでありますが、歩くのは非常に速く、人間のようによっこらよっこらと歩く者はほとんどございません。そくさくと、足早に歩くのでございます。まことに人間世界と同じような生活をいたしますけれども、その歩き方だけにおいては、まったく異なっております。

ここには、ラジオ体操のような運動をすることはございません。運動は「肉の衣」のためにあるのでございまして、わずかな肉体を持つとはいいながらも、まことに薄いものであり、その身を養うための運動は必要ないのであります。

ですから、そこに、水を被《かぶ》ったり、鎮魂をしたりするところの、己の肉体を清潔にするという人生が待っているわけであります。それが大変な違いであります。

通信方法

ここにおいて、そこのお社でお互いに共同生活をする、また勤め先があるわけでありますが、お互いにプライベートな時間というものは、ほぼ必要のないものでありまして、ここにお互いに通信を、連絡を取ろうと思いましたならば、然るべき所へ出かければ、すぐに連絡を取ることができます。

まさに現世の電話ボックスのようなものもあるわけでありますが、次第に、優れた世界へまいりますと、以心伝心するような状況が生まれてまいります。そうなればほぼ、そういう連絡場所は要らないわけであります。

「ナナヤ」に入れない、その外の生活においては、冥界に落ちれば当然孤独であります。一人でありますので、連絡は必要ないのであります。

普通の御霊の生活においては、そのような電話ボックスのような、普通の生活をいたします。また、お互いに普通に、声でもって会話をするわけであります。そのようにして普通に、お互いに通信を取ってまいります。

お社の移動

そうして、ここに、毎年では、ないのでありますが、この幽世の世界において一年というのは、本当にアッという間でありまして、ここに年数を限って、その生活ぶりを確認するような、試験とまでは申しませんけれども、それを確認する時があるのでございます。そこで、さらにそこに留まったり、あるいは、別の同じような系列のお社へ移動することがあるのでございます。それが、「ナの宮」から「ナナの宮」に移って行ったりするわけであります。

そのようにして、この現世《げんぜ》を終えた人間は、縁りの信仰のあるお社に入り、そこで生活をすることと相成ります。

使命を果たし帰ったか

またここに、地上に降りた特別な御霊たちが沢山いるわけでありますが、それらはすべて精査されるわけです。一度「ナナヤ」に居た者が、その使命を果たすことができなかったが故に、「ナナヤ」に入れなかったりすることは、多くある現象でございます。

そのことは、本人には理解できないのでありまして、己が本来においてどのような使命を持ちながら生活をして来たのかということは、エンマ大王において知ることであるのでます。その御霊の中を、覗き知ることができるのでございます。ですから本人には、わからないのであります。

しかしこうして、己の使命を果たし帰られた御霊というのは、そういう意味でさらに進歩をした、新たな向上したところの、お社に入ることになります。そうして修行している間に、少しずつ自分の姿が見えてくるようになります。自分の姿というのは、自分の前世ということであります。自分の先の先の世というような、そういうような姿が見えてまいります。浮かんでまいります。夢の中に現れてくるのでございます。それが清浄な、御霊の姿であるのでございます。

明神への道

ここに、格別な御霊においては、この人間世界において与えられた使命を果たし、そして、ただ単に神様を拝むだけではなく、まことに神様にまつろいまつり「神祭り」をして、「月次祭」を行った者において、ここに、正位の神々への、明神への道が開くのでございます。

それは、「ナナヤ」に入り、清浄に努め、行を励むことによって、次第に現れて、その者がどのようなことをやって来たのかということがわかり、さらに、その身体《からだ》は輝きを増してまいります。その輝きは、己が信仰をした信仰によって充電されたところの光であります。信仰をするということは、己の内に鎮まる魂に、そういう光が充電されていくことであります。

これは今、石黒さんがなさっておられるところの、自分の内に鎮まる神々を祈るということとは別であります。「裏の信仰」とは違いますので、その話は置いておくといたします。

そういう光が現れて来る。そうして、その「ナナヤの宮」において、お勤めをして居る間《かん》に、それらの光が、光輝き正位への道が開けてまいります。

そしてまた、明るい世界において信仰を持っていた、そういう方々はすぐにも、飛禅天の明神へと進み、もう移動することが自在になってまいります。まさに、空を飛ぶことができるようになるわけであります。何故ならば、その薄い肉体がさらに磨かれて薄くなるからであります。こうして、明神衆の仲間入りをしていきます。明神の世界になるとまさに、行動、動きは自在となってまいります。

少しく、話が飛躍をしながら来ましたけれども、人間世界で修行をしてきた御霊は、非常に明るく、真澄飛禅天のような世界にすぐに入るわけでありまして、さらに修行いたしますと、明神位になるわけであります。

さらにその明神の中から、修行することによって、正位の明神の道へと進んで行くわけであります。しかしながら、この正位への道というのは、人間世界において余程しっかりと努めてまいりませんと、なかなか難しいものがございます。

そのように、この霊界での生活というものは、自在に変化をしながらまわっております。

修行の場所が変わる

これからは少し話を簡略にいたしますが、このナナヤ全域の中のお社に入った御霊は、さらに別のお社に移ることがございます。それぞれ自分が生活をしてきた、親しんできたところの世界へ移り、そこに共に生活をし修行をすることがございます。それが「ハナイの霊界」――『ナナヤの宮参宮記』解説を参照――であったりするわけでありまして、草ぐさに霊界が分かれてまいります。

そうして、何十年、何百年と生活をする間《かん》において、特に命ぜられてまた、人間世界へと移り住むことにもなるわけであります。白羽の矢が当たり、人間生活での使命を果たす、そうすることによって、その役割を果たせば、また、大きい進歩となってゆくのでございます。

今、「ナナヤ」に入った世界のことをお伝えいたしましたが、石黒さんは、すでにご承知の如くに、この「仏の道」の前世を持つわけでありますが、それだけではなくして、もっとその先に、神々に仕えたところの前世を持つのです。そういうものが今ここに、結実をしているのであります。その導きを、神々の世界においてなしているわけであります。石黒さんのことは、すでにかなりわかってきておりましょうから、それ以上のことは申しません。

人の人生の動き、そのことを今日はお伝えをいたしました。

明日《みょうにち》は、また違った角度から、正一位トキツハナノヰ明神より、住江の大神様のお言葉の解説をお聞きくださいます。

七、大神様のお言葉

〈住江大神〉のお言葉

吾れは、住江大神なり。吾れは住江大神なり。

裏の組立て

吾れ今日ここに伝へんずは、これ「十言神呪」、すでにその「裏」のこと、また「深」十言神呪のこと学びてあるや。

さればここに、汝、裏の「十言神呪」、すなわち、大国主命の、大国主命を頂点となさんずの組立てを、汝いよいよ作りあげんずや。

汝、吾れここに伝うるならば、すでに悟りし、第五の「十言神呪」の組立ては、これまことに第四の組立ての裏にありしなり。これ第五の組立て、汝まさによくぞ悟りしや。これが如くに、これ第三の「十言神呪」の裏の組立てを完成すべしや。

すべては真澄神にあらず

これなべて真澄神にはあらずなり。ここに真澄神たりしは、真澄洞に厳《いつ》き祭りし神々ならんずや。

しかしてこれが、裏の「十言神呪」の神々は、これそれぞれに、その生業《なりわい》を守らんず道、人の霊《たま》の幸《さきは》える道、また、人の人たらんずの道なり。

これ整いて後《のち》、おのもおのも家々の、まさに賑々しくたち栄えゆくなり。これ、まことに奇すしくありしなり。

国津神々はすべて異なる

しかして、これが組立てにおける国津神々は、これ、なべて異ならんずや。しかしてここに、姫神《ひめがみ》も入《い》らんずや。

汝これ整いて、「恵比寿大黒天」の意味また、明らか［と］ならんずや。あるいはまた、稲荷神社のこと、明らかにならんずや。これ、生業の別は、職業の別は問うことあらず。人間の人間たらんずの道なり。

人間の人間たらんずの道

汝この、人間たらんずの道は、これ第四の「十言神呪」の裏に草ぐさとあらんずも、神々の御名《みな》の現るることなしや。

さればこれ、第三の「十言神呪」の裏の組立て明らかなるとき、第四の組立ての裏の組立て「の神々の御名の」明らかとなるなり。すなわち、第五の組立てにおける国津神々なり。──第三の組立ての裏と第四の組立ての裏（第五の組立て）の国津神々は対応する。──

汝これ、さらに正一位トキツハナノヰノ命より、草ぐさ伺うべしや。

汝この中に、すなわち、奇しき人の道の含まれてあり。生業を成就すのことあり。己が足らざる「願ぎ事」を成就すの道あり。草ぐさに秘められてあれば、これ一つひとつ解きほぐすべしや。［終］

八、タネオの大神様とこれからの真澄洞

〈トキツハナノヰノ命〉のお言葉

正一位、トキツハナノヰにございます。正一位、トキツハナノヰでございます。

まことにハナノヰノ命も久しぶりに、真澄洞の斎庭《ゆにわ》に立たせていただきます。御祭りを頂戴し、貴照彦さんの精進ぶりも、つぶさに拝見をさせていただいております。まことに嬉しい限りでござ

います。何よりも、貴照彦さんのお師匠さんが、ずっと守ってくれているわけでございますので、何の心配もございません。そして、先生の奥様のあい子刀自も正位に上がられまして、真澄洞は、いよいよ賑々しくなってまいりました。大神様が、大変な期待を寄せておられるこの真澄洞でございます。それにお応えをして、益々にご精進くださることを、ひたすら願っております。

「十言神呪」組立ての完成版

さて、本朝は、住江の大神様より、まことに奇しびな、また、不可思議な詔を頂戴をいたしました。

今「十言神呪」の組立てが公になりましてから、もうすでに、十数年を経ているわけでありまして、いよいよその、「完成版」がこれから公にされようとしておる、そのように考えていただいていいのではないかと、思っております。

これは大変大きな、神々の計画でありまして、これらを基にして、この地球の上に生活をするすべての人に対して、この「十言神呪」を実行するようになって欲しいと願っています。

「十言神呪」の外国への宣布

比較的日本には、すでにお伝えのありましたように、天津神と国津神が調和をして「神社として」

お鎮まりになっておられるのでございますが、外国《とつくに》では、そうではないのであります。

そのために、これから、すべての人間が、その魂を浄化していくためには、どうしても「十言神呪」が必要であるのでありまして、外国《とつくに》に対して、日本におけるこの神々の、いわば輸出をしなければならなくなってまいります。すなわちそれは、この「十言神呪」の外国への宣布、要するに教義を伝える、教えるということが必要になってまいります。

貴照彦さんには、そういう詳しいことはわからないでありましょうけれども、この「十言神呪」の先駆けである「生長の家」は、海外に対する宣布、信仰が進んでおります。信仰というのは、勧《すす》めるというのではなくして、神様をお祈り申し上げるという信仰でありますが、その信仰が少しずつ植え付けられております。

それを地盤として、これからさらに、この「十言神呪」の中にあります真澄大神の御鎮座に向けて働いて行かねばなりません。これが将来の大きい問題であるのであります。

そのことが、昨日話題になりましたところの、真澄洞にこれこれから十人の弟子が来るけれども、三人はこの真澄洞の教えに、いわばいわば楯突いて、そして、分裂をしてゆくんだと。そういうことを、お話になりましたけれども、まさにそのことが、この海外宣布、海外宣伝ということに当たってまいります。

どうしても、この「十言神呪」を海外にまで伝えなければ、人間は進化・進歩・向上して行かないのでございます。その手始めが、この日本にまずもって、その種が落とされるわけであります。

「タネ」

まだ、詳しくはおわかりになっていないと存じますけれども、タネオの大神様の「タネ」というのは、五つの元素の地水火風空という、この五つの元素《もの》から物《もの》を生み出すということだけではなくして、種を植え付ける、そうして、それを育ててゆく、そういうような、大変重要な役割をお働きになられるのでございます。

そして、その種を育てて、そして、再びその種を蒔《ま》く、すなわち、人間に植え付け、広めるという意味がございます。

それがタネでございます。その種を頂戴し、そして、種を取るために花を開かせる。それは、タネオの大神様の御許《おんもと》において、「厳の神」たちが一つひとつなさねばならぬ、重要な仕事でございます。たんに厳の神だけではなくして、明魂たちの大きい仕事でもございます。こうして花を開かせて、そうして種を収穫できるようにしなければならない。

当洞の位置

今、真澄洞がそれらのサイクルの中において、どこに位置するのかといえば、まだ、種の植え付けに入っておるところでございます。

それを咀嚼して、その哲学を世に送り出す時に、ここにようやく種を取るところの準備ができることになるわけでございます。

思想を公にしたからといって、すべての人間がそれに従うわけではございません。けれども、その中から一人、二人と、この種を受け取ることができる人間が出てまいります。すなわち、「十言神呪」の哲学を世に送り出す時に、その哲学を、己の種にしようと、高貴な「十言神呪」の哲学を選び、己の思想にしようとするわけであります。まさに、種を選び、育ててくれるところの人間がでてきてまいります。

種を植えつけられている

そうして、それらの御《おん》方々の内で、さらに本当に「十言神呪」というものを、信仰してみようというお方がでてまいります。あるいはまた、信仰ではないけれども、実際にこれを行って幸せになろうという者も出てまいります。

そのような方々の中から、今言った、十人の弟子が、ここに来るようになるのでございます。ですから、今、種を一生懸命に植えつけられているのでありますので、その種を頂戴しながら、神々を祈りまつり、神様方にしがみ付く、それが今の貴照彦さんの大きいお勤めでございましょう。

何としても、この「十言神呪」を世の中に発表して公にしなければならない。それが、人類を救う種になってまいります。まさに貴照彦さんが、キリストの如くにならねばならんのでございます。

神々と直接に対話を

そうしてこの「十言神呪」が、広く地球の隅々にまで伝わるのには、まだ百年はかかりましょう。しかしそのようにして、少しずつ広がってまいります。

ですから、大変知的に優れたような御方々がおいでになります。また、ここに不可思議さを、本当の神であろうかと疑いを持ちつつ、その証拠を集めようとして来る方もおいでになります。そんなことは、どうでもよい。ともかく信仰をして、現状を打破する。そういうような生活を送りたいとか、様々な方がおいでになります。

ですから、これから、どうしてもそれらを一つひとつ証明をするために、貴照彦さんが人類の代表として、この幽世《かくりよ》の世界に上がらねば、ならないのでございます。「ナナヤの宮」に上がり、神々と直接《じか》に対話をし、そしてさらに、天津神々の世界にも踏み入らねばなりません。そして先にもありましたように、沢山の土産物を、この霊界・神界から降《お》ろして来なければなりません。いただいて来なければなりません。それが証明となるものです。

十人の弟子の分裂

この十人の者たちが分裂をするのは、そういう霊物をめぐっての争いとなります。そのことを肝に銘じておいて、所属をきちっとしておいてください。色々と抜け穴を持つ者が大勢います。そのような「十言神呪」でございます。

今、まことに真澄洞に集う、御方々がわずかな人数でございますけれども、それらの方々が、新しい芽《め》を持って進んでくれることと相成ります。実《まこと》に今の状況を思えば、まさに夢の如き出来事でございますけれども、それが本当の話でございます。

説明の前に

さてそこで、今夜は、住江の大神様が今朝お伝えになられましたことを、さらに詳しく説明をしてゆきたいと思いますけれども、さらに付け加えておきますと、この「ナナヤの宮」に上がるのは、本当にもうそこに来ておるのでありまして、その眼《まなこ》も、一瞬にして、開くところに来ております。

ですから、ゆるりと構えてその時の来るのを、じっとお待ちください。そしたら、もう何もかも手に取るが如くに知ることができるようになります。またそれによって、ナナヤの会議や、その他《ほか》の会議においても、門田先生のように、ご意見を求められることがございましょう。

ですから、確かに苦しい中で、闇を歩むような形で、ただ、ただ、神々に縋り付いてやっておられるのでありますが、その光がこれから、どっと届いてくるようになります。いよいよそういう意味におきまして、コツコツと整理をして、そして、この『神界物語』の上梓に、精進をしてくださ い。どこから出版しようかと、考えておられますが、それはまた、その時が来れば、ひとりでにわかってまいります。

四人の正位の明神が交代で解説

さて、この「十言神呪」の将来について伝えましたが、今夕《こんゆう》は、今日のお言葉の、組立のさらに詳細なことをお伝えをいたします。

明朝は、住江の大神様の後《あと》、正一位アキヒトラの神様が、この「十言神呪」について、もっと澄んだ世界についてお話しになられます。

これから、その四人の明神衆でもって伝えていくことと相成ります。

今回は、門田先生は、ご遠慮をされておられます。以上でございます。

九、第三と第四の組立ての「裏」

正一位、トキツハナノヰでございます。正一位、トキツハナノヰでございます。

前回は少し、道草をしたのかもしれませんけれども、それが徐々にわかってまいりましょう。

第三の「十言神呪」の裏

いよいよ今夕は、今朝の住江の大神様のお言葉につき、これを少し補わせていただきたいと思います。

おおむねにその組立てについては、わかってきたと思いますけれども、この第三の「十言神呪」は四柱の天津神と、一柱の国津神、すなわち大国主命で組立てが成り立っているわけであります。これは、人間の外のことではありますけれども、はるかに深い深いこの宇宙の神韻《しんいん》をまさに解いておるわけでございます。

その中に、国津神としてポツンと大国主の大神様がおられますが、大国主の大神様こそがこの地球霊界の中を統一されているからでございます。

そこでもっとこれを、地球霊界の中において、人間霊界の中においてこれを組立てて、人間が人間としてあるべき姿を示してやらねばなるまいであろうと、いうものでございます。

ですから、この第三の「十言神呪」の裏の組立てというのは、人間霊界におけるところの人間が使命を成就する、そういう方法を説いているものでございます。

その中にはもちろん、人間が幸せにならねばならない、うまくゆかない障害を取り除いて、うまく運びたい、病を癒したい、そういうような草ぐさの人間の願いというものが、入り込んでおります。そこで、そういうような障害を取り外して、人間が人間としてあるべき法、あるべき姿に道筋をつけてやりたい。そういうものにございます。

神々と一体の仏様

ですからこれは、この第三の「十言神呪」の裏というのは、表の組立てが宇宙を解いていれば、この現象界の中のことになるのでございます。この現象界の中に我々人間が信仰するところの神々があり、またここに、インドより伝来する仏教があるわけでございます。

その仏教は、この日本の神々と神仏習合をしながら栄えて来たわけでありますが、本地のことです。仏様の生まれ変わりが神様であるとか、あるいは神様から仏様が生まれたとか。そんなようなことがあるわけでありますが、その様な組立ての裏側には、神々と共にまた、仏様も存在をするのでございます。

例えばその仏様の中に、大日如来のような仏様は、これは天照大御神と一心同体のように見られるわけでありますが、大日如来のような仏様は、その組立ての中に入ってまいりません。すなわち、国津神の本地仏のものになるからであります。あるいは、その仏様は、ヒンズー教から来たような神仏もおいでになるわけであります。

人間が人間として生活をする組立て

そのようなことをしながらこの、人間の霊界において、人間が人間として生活をする、その組立てを考えて欲しいというのでございます。その役割を荷われる神様や仏様は、一つのことについても、一つの神呪《かじり》(真言)についても、いく柱も、あるいは、いくつかの仏様たちがおいでる場合がございます。それらを精査して、一つにしなければなりません。これが大変重要な審神《さには》になるわけであります。

こうして、出来上がりますと、人間の世界というものはまことに乱雑にできておるということがわかってまいります。そしてまた、イナルモノが如何にその、影響力をもっておるのか。そのようなことが、わかってまいりましょう。

ここにおいて、次第しだいに、その信仰というものの姿がはっきりと現れてまいります。これは、明治までの神仏習合の姿を見てまいりますと、次第にわかるところがあろうと思います。

第四の「十言神呪」の組立ての裏は第五の組立て

もう一つございまして、第四の「十言神呪」の組立てでございます。本来は、この第四の「十言神呪」というものは、最も先に生まれたわけでございますけれども、そのことは置いておきます。この第四の「十言神呪」は、人間の存在の中から、他《ほか》の人間に対してどのように関わりあうか。そして、上に対して、神々に対して、どのように服《まつろ》うか。あるいは、服《まつろ》わなければならないかを示しておるわけであります。

人間は、決してひとりで生きることはできない。そしてこの、第四の「十言神呪」の裏が、貴照彦彦さんが第三の「十言神呪」の組立てを上から眺めた第五ともいうべき組立てなっていると、そのように大神様がお話しになられました。しかし、第四の裏としては、この組立てだけでは、若干足りないところがございます。それも、これから考えて行かねばなりません。

第五の組立てに残されている問題

すなわち言いかえますと、貴照彦さんの考えられたこの第五の組立ては、人間の中だけのものになっているわけでありますので、これを外界と人に対することと、そして、上に対する信仰を付け加えるようにしなければならないわけでございます。それが、この第五の組立ての中に残されておる問題でございます。

しかし、この第五の組立てというのも、本当によく気がつかれたと思います。まさにそれは、数学的なそういう目をお持ちであったからであると思います。

第四の組立ての裏の神々

今、そのようにして、第三と第四のそれぞれの組立てにおいて、裏があることを伝えました。そこで、大事なことは、この第三の裏と、第四の裏とは、この第三の裏の神々がわかれば、それを対応させることによって、必然的に第四の裏の神々がわかるであろうと、言われたわけであります。

ですから、その対応を考えることによって、この第四の裏の組立てを考え直す、立て直す必要があるわけでございます。それは、その対応によって考えることができる、作り出すことができると、そのように大神様は、教えられたのでございます。

裏の世界

まことに不思議なものでございまして、すでに、この善言の中に、裏の善言というものがあり、それを実行されておるわけでありますが、それと同じように、表と裏とがあるわけでありまして、まことに面白い表と裏であります。

ところで一つ、話を落としましたけれども、第三の組立ての裏の組立ては、人間霊界における話だと申しましたけれども、それでは、第四の組立ての裏は、何かといえば、すなわち、これがまことに不思議なことに、人間の中を示すものになっております。人間の中の構造を示します。

ですから、この表というのは、我々人間が目をパッチリと開けて生活をしてゆく、外の広い世界に対する不思議な構造を示しております。ところが裏というのは、同じように目をパッチリと開けて生活をしておるのでありますけれども、その構造がまことに狭い範囲の世界におけるものであるのです。それが、この第三の組立ての裏であります。また、第四の裏というものは、人間の中の見えない世界にございます。

二つの裏の構造について。どのように説明をするといいのか、言葉が見当たりませんけれども、そのように外の世界を眺めるのではなくして、人間の内らの中において、どちらかと言えば考えなければいけない。そのような構造になっております。

四つの組立ては自動車の四輪

まことに面白い、この四つの組立てでありますが、この四つの組立てが、出来上がりますと、まさに自動車の四輪《よんりん》のように、四輪駆動のように、これに乗って、人間が生活をするわけであります。

「十言神呪」の哲学

それが、人間としての究極のありようであり、信仰の姿であるというのが、この「十言神呪」の哲学にございます。そのような哲学をもって、我々はこの現世《げんぜ》の中で生きていかねばならない。

そこの中から、正しい思想哲学を作り出し、そうして、正しい宗教を作り出し、産み出し、さらにには一つの国でのこと、一つの会社のこと、家の中のこと、すべてがこれに関わってまいります。

これを成し遂げる新たな哲学者が、ここに必要と相成ります。その哲学者は、何れ、この日本の中に誕生をいたします。既に何人かの大哲学者が、その候補にあがっているのであります。ですからこれが成就をするまでに、恐らく五十年はかかりましょう。半世紀はかかってまいります。

草ぐさの宗教者が誕生する

このようにして、この地球の上の色々なものを、取り替えて行かねばなりません。まだまだ共産党という、この「赤き魔《ま》」の問題が存在しますけれども、これもこの令和の時代によって、その勢力を落としてまいりましょう。その中において、中国は多くの多民族の国家として分裂をしてまいります。

けれども、これら、多くの国々が新たな秩序作りとして、その土地土地の信仰というものがございますけれども、草ぐさの、宗教者が生まれ、その国々の思想哲学を、あるいは、民族、文化などを、変革していくようになります。その国々を一つに統一をする、纏めようとすることは、次のウラミラの時代のことになります。今は、トウミラでありますけれども、そのことがウラミラの時代において起きてまいります。

このように地球の上の、思想芸術のような文化文明、もちろん技術などは、ウラミラとトウミラを繰り返しながら発達をしてまいります。日本だけでなく、この地球上において、新たな技術がまだまだ誕生をいたしますけれども、まことにそれらは、古き時代の人間にとってわけのわからぬものでありますが、そのようなものでございます。

第三の裏の本質は大国主命

ちょっと話が先に飛んでしまいましたけれども、この組立ての話に戻ります。この第三の「十言神呪」の裏の組立てが極めて重要であり、キーポイントになるということが、おわかりになっていただけたと思います。そこで度々《たびたび》に話がございましたように、この組立ての本質は、大国主の大神様ございます。この大国主の大神様には、多くのお名前がございます。

そこで、それらのお名前は、別々のものにしたらいいのかどうか、ということがここに問題と相成ります。例えば、大国主命、顕国魂命、大国魂命、あるいは、八千矛命などと色々とお名前をお持ちでございますが、それらは本質的に一つの大神様の御力《お》と考えます。大国主命が国津神様として人間霊界を育てるところの大きい頂上でございます。

「お」とは何モノか

そうしますと、この第三の「十言神呪」の表の「お」に当たるものは一体、どういう神様であろうか。この人間霊界の中において、「俺が」と言って、自分のことだと言えるモノ、それは何か。

これは大変に難しいところでございます。これは国津神々の中において、まさに人間を人間とするところの、自立させ、独立させ、そういうような魂の奥の奥のモノの問題であります。

これが何か、私が一言《ひとこと》で言ってしまえば、それで終わりになりますので、それは、ちょっと考えていただきたいと思います。

人間霊界の神々

我々人間が生きる、生活をするということにおいて「十言神呪」では霊・祭・道の三本の道があるわけであります。

この三本の道には、それぞれに神社があり、ご利益がございます。けれども、まことに何んでもかんでも寄せ集めたような、ご利益になっておりまして、神様は色んな仕事を配下の明神たちに託してやっておるのが、現状でございます。まことにグチャグチャになったような、この人間霊界の神々の姿でございます。

今、日本の神々のことを伝えておりますが、その神々は、同じように外国《とつくに》にもおいでになるわけであります。けれども、外国《とつくに》においては、その神々が、「十言神呪」に組立てるには完全に整っていない、組立てることができない、穴のいっぱい空いたような、信仰の世界になっているのです。このことも、またわかってまいりましょう。

第三の「十言神呪」裏の組立てが付いている

それぞれの人間には「十言神呪」の組立ての盤が付いている。また、それぞれの団体に、国々に「十言神呪」の盤が付いていることは、以前に話しました。同じように、それらの人間・家・団体・国々においても、その裏の組立ての盤が付いているわけであります。ですから、当然、その「十言神呪」のいくつかが抜けているのであります。

そのように神々の世界が存在するわけであります。しかしそれは、また、多くの宗教者たちが、そういうことを考えるようになりましょう。

そこまで考えるような、余裕はないのでありますが、これが、それぞれのものに「十言神呪」の盤がついていると、言ったことでございます。

第四の「十言神呪」の盤も、その裏の盤も付いている

そして、それぞれの人間や家や団体や国々に付いているのは、第三の「十言神呪」の盤だけではありません。第四の「十言神呪」の盤が付いているわけでありまして、したがって、ここに第四の「十言神呪」の盤の裏も付いているものでございます。

このように。この組立ての内容を見ていけば、それぞれの人間・家・団体・国の持つものが明らかと相成ります。そうすることによって、いわば一つの相性のようなものが出てくるのでございますけれども、これがどのような役割をなしてくるかは、また後《のち》のことといたしましょう。

表と裏は自動車の四輪駆動

このように、表と裏というものは、四輪駆動の如くになっておりまして、四つの車の一つひとつにエンジンが付いております。「人生は、この四輪駆動を正常に働かすこのにあるのです」。

ですから、その一つのタイヤのエンジンを噴かせば、反対側のタイヤの周りをくるくると回る。これでは、人生は動けません。渡ることができません。

反対に、その四つの車の、四つのタイヤの、どのエンジンも噴かすことができない。それは、その人間は、まさに止まったままでありまして、新たな人生を送り直さねばなりません。幽界に帰っても、進歩することはありません。

さらにその四つのタイヤを、取り外してしまっては、すなわち、その四つのタイヤを信じない人間にとっては、まさに故障した車と同じでありまして、故障した車、走ることができないわけであります。

また、そのタイヤをパンクさせると、いわゆる怪我する。そのようなことになると、まさに事故を起こしてまいります。

そのようにこの組立てというのは、まことに興味深い効能を、これから見ることができるようになります。そのことを、頭に置きながら、少しずつ、これを歩んでいただきたいと思うのでございます。

今回のこの、春の行の最も大きいテーマの一つが、この組立ての「裏」ということの話でございます。いよいよ「十言神呪」も、佳境に入ってきたわけでありまして、重要なものになります。これがこの『神界物語』の序章の中に組み入れられますと、まさに驚きの言葉と相成りましょう。ぜひ「十言神呪」開示百年記念として、これを上梓していただきたいと願っておる次第でございます。

今夕、以上で終わりといたします。

十、大神様のお言葉

〈住江大神〉のお言葉

吾れは住江大神なり。吾れは住江大神なり。

四つの組立ての乗り物

汝貴照彦、これ第三の「十言神呪」の組立てまた、第四の組立てと、しかしてここに、第三の裏、第四の裏の組立てありて、ここに乗るとき、まさに車に乗るが如くに現世《うつしよ》麗しくあるなり。これ、日本《ひのもと》のみならず、外国《とつくに》におきても、これが一つの組立ての中におきて、生業《なりわい》と信仰の生活を送るとき、これ麗しき稔《みのり》をもたらさんずの、大佳き生活にしてあらんずや。

然《しか》れどもこれからの世々は、これが四つの組立ての乗り物に乗らざれば、麗しき生活を送ること能わざるなり。

すなわちこれは、汝、宇宙の成り立ちを考えるべしや。これ宇宙は次第にその膨張を続け、しかしてここに、ブラックホールの如き虚無なる空間を作りてあるならば、その生業における、険しきものが刺さんず。険しきものあるなり。

霊線を太く保つことこそ人の努め

ここに、人草のいよいよざわつきてあるならば、人草たち、一つのまとまりとして生活をなさんずに当たりて、これ神々の大いなる御力の要るなりや。すなわちこれは、人と神々とを結ぶの霊線なり。これ太く保つことこそ、人の努めにして、現世《うつしよ》を渡る上のまことに重大なることなり。

これから来たらんず世、まさにその信仰の薄くして、霊線の細くなりゆく世界なり。さればここに、人草たちの上に、その霊線を太く保たんず観法こそ、重要なるものと心得るなり。しかして、信仰ならんずや。

宇宙の膨張は人と人との間の空間の広がること

これ、宇宙の膨張するは、人と人との間の空間の広がることなり。間《あいだ》の広がることなり。人と人との距離のバラバラになるなり。おのおのもこれ地球《ちだま》の上におきて、一人で歩まんとするなり。されども、物質を離れたる霊的空間におきてはさにあらずや。これ変わることなしや。

まことに、宇宙の姿は、そのままに人間世界の上に現るるなり。すなわち、これ、天文学の現れ、宇宙の星々の姿を見てその運勢を占わんとすなり。すなわち、星占いなり。あるいは、外国にあらんずのタロットの如き占いなり。

自立心の強いのは天津神への信仰が少ないから

これ、外国《とつくに》と日本《ひのもと》と比べて、外国の自立心の強くあるは、これ信仰の力の弱きがなり。信《しん》なければ、「人と神との」結びつきの弱しや。

その信仰の姿は、単にユダヤ教、キリスト教、イスラム教などの礼拝に努むるのみにあらず。ここに天津神と国津神との調和のあらんずや。すなわち、天津神の無きところ、これ自立心が強ければや。

天津神と国津神との調和のとれた世界に生きる

いよよ、天津神と国津神との調和のとれたる、麗しき世界に生きるべしや。これ己の外におきても、己の内におきても、ここに、大いなる人種《ひとだね》と生まれるなり。大いなる人種となるなり。成り成りと続かんずなり。［終］

十一、人間の外界

〈アキヒトラノ命〉のお言葉

正一位、アキヒトラノ命にございます。正一位、アキヒトラにございます。

初めてこの本格的な行の中に入れさせていただき、まことに嬉しく思っております。真澄洞は、私のつながりでございます。賑々しくありますことを、大変嬉しくここに立たせていただいております。

住江大神は種を蒔いている

さて、真澄洞にこのたび大変重要なお言葉が、住江の大神様より下がっているわけでございます。まさかこのようなことが起ころうとは、恐らく予想もしていなかったことと思います。

それは、この「十言神呪」の組立てにつきまして、これを先に示しておいてやらねば、これから後《あと》に来る者たちの上に、その思想哲学を新しく生み出し、また、その枠組みを見い出すことは、大変難しいのではあるまいかと思われたのでございます。いわば、この人間世界にそういう種を蒔《ま》いているわけであります。

そうして実は、この種は畏くも正一位マノミチノリ明神の開かれましたところの、「モラロジー研究所」、この四月より名称が変わりましたけれども、ここが本来において、真っ正面から向き合わねばならない哲学でございます。思想道徳にございます。

これをいつまでも、神様と別の世界を取ることが、人間の道、道徳であると思っておりますと、いつまでたっても底の底より這い上がることができません。すなわち、大きく育つことができないわけでありまして、どこかでそれが、追い越されてしまうわけです。あるいは、この「モラロジー研究所」自体が、衰亡するようなことになるわけであります。ですから、これを、種を蒔いておけば、必ずそこに誰かが、その種を発見し、哲学として、あるいは、思想道徳として、これを広めることができるのではないか、そのようにも思っておる次第でございます。

宗教者によって創られたものが神様から分離をすると大きい亀裂ができる

ひとりの宗教者によって創られたものが、神様から分離をいたしますと、そこに大きい亀裂ができてしまいまして、神様の御心のままには動かなくなってまいります。これは、何《いず》れの団体においても、そのようになってまいります。

特にこれが、あまり信仰心がなくして得たものであるならば、別であります。しかし、宗教者がおいでてそのようになることは、まことに辛《つら》いものにございます。

すなわちここに、私が伝えておりますのは、この四つの中に、哲学・思想・道徳・信仰が含まれているからでございます。特に、人間生活において、人間が踏まねばならない、重大なことが含まれているわけでございます。このことを忘れては、今回のこの行が成就をしたことにはならないのでございます。このような道徳である、人の道であることをしっかりと腹に収め、大きく、今回のものをいただかれていただきたい、と思います。

第三と第四の組立て

この、第三の組立て、これから、組立てという言葉を略しますけれども、第三の表には、広々とした大海がございます。そうして、この第三の中の「道の道《どう》」というのは、人間の道ではあるのですけれども、その向かうところは、神々に向かうものであり、広々とした大海に向かって、人間がどのように向かうのか、神様に向かう「人の道」のことを伝えております。神様に、どのようにお仕えをしなければならないか。それがこの本質のことであります。

第三の表は、広々とした天空の大海に向かって伸びゆくものにございます。その点、第四の表は、人間が人間として存在をするための、「人の道」を説いているのでございます。人が人としてあらねばならない。それは、どうするといいのか。そういう「人の道」でございます。

第三は、はるか彼方の天空に向かって、人間は見えないものに対して、どのようにまつろって行くのか。第四は、目の前にいる人間に向かって、社会生活の中において、どのようにして「人の道」

を歩むのか。そのようなことを述べております。

第三の「道の道」と第四の組立て

ですから、この第四の上に向かうところは、その組立てとして、第三の表の「道の道」がそっくりと入れば、第四の上に向かうところの「人の道」がはっきりとするのでございます。こうして、「人の道」というものをどのようにしなければならないか、ということが示されるのでございます。

このことが理解できれば、この第四の「人の道」というのは、その上に天津神の少彦名の大神様、その上に住江の大神様と、信仰としての道が上に続くわけでございます。

第四の「人の道」

そこの中に、本質的には「お」というものは、入《はい》らなくてもよい。この「お」というものは、自分自身の原点の中に入っておるものでございます。この現実の世界と一番上の「す」の世界とを繋ぐ、人間世界と遥か彼方の世界とを結ぶ線上の一番上にあるのが「す」でございます。その線の一番下が「お」であります。

ですから、自分の「お」を通して、「て」、そして「ほ」、そして「み」、そして「す」と上がっていくわけになります。「お」「て」「ほ」「み」「す」と上がるような道筋が、第四の上に向うところに本来はなければならない。

そのように、この組立てというものは、「鍵」が、組立ての何処かに結び付いていなければ、ならないものにございます。何処かにそれがはまっている。

第四の裏の一霊四魂

そうして今度は、その第四の「裏」をとりますと、この裏は、人間の心の中、内部的なものと考えていいわけでありまして、それがすなわち、第五の組立てであります。

ここを貴照彦さんが、一霊四魂として捉え、一番外側に肉体を取り、ここに荒魂を取りましたけれども、この荒魂と和魂との境界に存在するものが、「お」であります。

この一霊四魂は、他《ほか》の人間に対しても関わる、関係を持つわけであります。同じように、この一霊四魂は、相手の中にも存在をしておる。ですから、己の一霊四魂は相手の一霊四魂を尊重しながら生きて行かねばならない。ここに、一霊四魂と一霊四魂との間に、空間がございます。空間があります。この空間をどのように捉えるのかということが、ここにおいて大変重要なものとなります。

空間はもう一つの己の肉体

この空間は、一霊四魂を包むものになっております。

この空間は、一霊四魂を包み、その中に空気と水と光と熱などを差し込むところの存在としてあるのでございます。しかし、一霊四魂の外界として、一見《いっけん》己に関係のないと思われる空気の層は、己の外界になっておるわけであります。

ここで、その空気の層を、もう一つの己の体《からだ》であると考えねばならない。すなわち、すべての人間が、外界という空気の層を共有している。そういう理屈になるのでございます。

荒魂と申しますのは、人間の一番外側の、一番外側というと語弊《ごへい》がありますけれども、一霊四魂で言えば一番外側になるわけであります。その一番外側の荒霊というのは、外の外界にまで延長しなければならない。延長するものであるというのが、正しい第四の組立ての裏の骨子であります。

人と人とがつながることによって人間となる

己の肉体は、外界を己の肉体と考えることによって、ここに出来上がるものでございます。言いかえますと、第四の裏の組立てにおいて、この荒魂を己の肉体であると捉えましたけれども、これを外界を含めた、すべてを己の肉体と捉えます。それが、己の内《うち》ら、中を観る目でございます。

そうすることによって、人と人がつながるのでございます。人と人とがつながることによって、人間となります。単に、人間に教育ができ、知識ができ、分別ができるようになったからといって、人間になるものではありません。
人間というのは、己の外界を己の肉体であるとの思考をすすめ、目を養うところに、人間たるゆえんがございます。どのように知識がなくても、分別がなくても、そのように思って生活をする、そこに人間となります。人のために尽くす。人の命を助ける。それは、己の肉体を救おうとしている尊い心でございます。ここの中において、一視平等《いっしびょうどう》という存在と相成り、すべての人間はひとつらなりと相成り、真なる人間の存在が、出来上がるのでございます。

草も木も動物も細菌もすべて己の肉体

これがまさに、この表の世界においても、行われておることであるのでありますけれども、裏の哲学の本質でございます。外界としての空間でありますけれども、その中に、相手の人間も入れねばなりません。人間だけではなくして、草も木も動物も細菌もすべて、己の外界、己の荒魂であると捉えてまいります。
まさに、石黒さんがよく申されていましたように、「相手の欠点を補う」ということに、この重要な意味があるのでございます。

大きい世界観によって己の肉体が消えてゆく

このようにして、大きい世界観を作ることによって、持つことによって、何が変化をするのかと申しますと、己の肉体が消えてゆくのでございます。己の肉体が消えてゆくのです。

すなわち、己の肉体が消えるということは、魂の存在となる、裸の一霊四魂となるということになります。そこに、己の一霊四魂の大いに活躍するところの、世界が生まれてまいります。

肉体という壁を脱ぎ捨てる。そして一霊四魂という魂《たましい》の状態になる。そのように目を転じるときに、己の肉体というのは、まさにその魂を入れるところの袋そのものになります。袋そのものであります。

袋そのものにならなければ、魂は神には至らないのでございます。肉体を持っていては、肉体の香りを残していては、神にまでは至りません。

その訓練を、人間というのは、この人間霊界の中においてさせていただいているわけでございます。

魂は外界と思っていた空間の中において自由自在に生きることができる

究極においてそのようになるのでありますけれども、この人間生活の間《あいだ》において、どうしても肉体という、人間の香りを保ちながら、生活をいたしております。まことに悲しいことでございます。

しかし、そのように思うことによって、己の魂は、一霊四魂というのは、その荒魂と捉えた外界である、外界と思っていた空間の中において、自由自在に生きることができるようになります。生存をすることができます。

肉体がなくなれば「お」はなくなる

ここにおいて、一霊四魂は、信仰という道において神々と結びついてまいります。

これが先ほど申しましたように、「表」において、自分の上には本来「お」というものはないけれども、「お」というものを置きながら、少彦名命、住江大神、そして「す」というものへ伸び上がって行く、そのようなことに相成ってまいります。肉体がなくなれば、「お」というものは、なくなるわけであります。究極においてはそのようになります。

現実の世界においては「お」という御霊が存在している

しかしここで忘れてならないのは、その一霊四魂の上には、「お」という、現実の世界に住んでいたところの肉体が存在していることを忘れてはなりません。ですから、完全に「お」というものから、縁が切れているわけではない。そういうことでございます。

まことに奇しびな、不思議な人間が、人間として生きるにはどのようにしなければならないのかということを、お伝えをいたしました。裏の世界というものは、表の世界と非常に関係をしておるものでございます。

今一つ、補っておきますと、第四の裏は、これでよいけれども、その外の世界のことを、考えねばならないということを、どなたかの明神様からのお話がございましたけれども、［ここに述べた］ことでございます。おわかりをいただけると大変嬉しく思うのでございます。

次に、第三の裏について、伝えたいと思いますので、少し休息の後《のち》に、時間を置かずに、ここにお座りください。

十二、第三の裏、二つの裏は同じ

正一位、アキヒトラでございます。正一位アキヒトラでございます。

早速にまいりましょう。

第四の裏は肉体をどのように扱うのかにおいて大変重要な哲学

そのようなことで、この第四の裏というのは、己の肉体を、どのように扱うのかということにおいて、大変重要な哲学でございます。

己と他人とが、まさに同体となる。そのような哲学的な観点の中において、これは今も、人間世界において行われておることでございます。その哲学的な理由、基盤を今、申し上げた次第でございます。

第四の裏、神と同居

さらにこれから、その哲学が発展をしてゆくのです。すなわち、この裸になった一霊四魂、そして相手の人間の一霊四魂が、裸になってまいります。そうすると、当然ここに人間と人間との、いわゆる魂と魂のやり取りというものが、できて来るのでございます。

またこうして、肉体を捨て去り裸になると、この己の肉体の中に神々の姿がそのまま入ってまいります。肉体を持たない一霊四魂と、そして神々の世界とが、同じ肉体という空間の中において、同居、同じように存在をするわけであります。

今、同居と言いましたけれども、まさにそのような状況になるわけであります。それが、また新しい展開をなしていくわけでありますが、あまりそれ以上、第四の裏については触れずに、そこまでにしておきましょう。

第三の裏の「我」は氏神様

今度は、第三の裏であります。第三の裏というのは、先にもお言葉がございましたように、これは人間と国津神々との世界のことでございます。己の中に存在をする、いわば己がお世話になっておる、肉体が直接お世話になっている国津神々の世界でございます。

そこで、組立ての中からいえば、一番下に、第三の表と同じように「我」というものが存在をいたします。第三の表では現象界に入っていりますけれども、この第三の裏の、「我」であるところの一番下の世界、これが「現象界」であることは間違いないのでありますけれども、この「我」は果たして何に当たるのかということが、大変重要になります。

これが人間にとって、存在を存在たらしめるところの、「氏神様」に当たるわけでございます。己というものは、氏神様を外《はず》して存在をすることはできません。すなわち、魂の系列の一番の根幹にあるところでございます。この魂の根幹であるところの氏神様を、我、すなわち、己であると捉えるところに、すべての出発点があるのでございます。

第三の裏の「す」は大国主命

ですから、つねに大国主の大神様の御許に、氏神様を添えてお祭りをする理由があるわけでありま す。この一番上の大国主命と、一番下の氏神様とが、神様をお祭りをする上において一番の根幹となってまいります。

第三の裏の残りは八つの国津神

そうしますとあと残りは、ここに八つの国津神がお座りになられるわけであります。これが、どのように配列をしていくのかということは、あんまり私が伝えても、いけませんけれども、「祭の道」が中心であり、それが氏神様から大国主命に真っすぐに伸びる線であり、そして右側の「霊の道」、そして左側の「人間の道」でございます。

「祭の道」と「霊の道」

この「祭の道」において、人間の根幹をなす国津神様は、いわずと知れた天照大御神様の祈りであります。ここに人間の祈りとしての最も重要な根本がございます。

そうして、天照大御神を通す線であると思えば、かなり絞られてはっきりしてくるのではないかと思います。

次にこの右側にあります「霊の道」です。人間が神様にまつろい、その横において商売繁盛をし、そして、病気を治していただく、そのような願いが右の「霊の道」に当たっております。すなわちそれは、人間の魂の問題に直接に触れてくるところであることがわかります。すなわち、熊野大権現の御依差しがなければ、決してこれを登ることができないわけであります。

「人間の道」

左は「人間の道」でございます。最初に申しましたように、この「人の道」というのは、人間がはるか彼方の神様と通ずる道であると、そのための「人の道」であると申しました。けれども、その「人の道」を、どのようにすれば上津彼方の神様を信仰するような道ができるのであろうか。人が人たる根源に至る方法を「人の道」として伝えておるわけであります。

そうすると、ここに第三の裏において、人間が大国主の大神様の御許《おんもと》に至る道は、どのような方法をとればよいのであろうか。大国主の大神様に到達するような、その具体的な方法を示してくださるところの神々にございます。

人間は肉体を落として、そして霊界に入って、あわよくば、「ナナヤの宮」に入ることができるのでございます。

しかしそうではなくして、この人間世界の中において生活をしながら、どのような人間としての道を辿るならば、このナナヤの大神様にその思いが届くのであろうかということでございます。こ

この中に、第三の表の「ま」にあたる信仰、それがこの裏の中においても、同じくなければならないのでございます。

考える余地を残します

さて、これはそれぐらいにして、あとは少し貴照彦さんが考える余地を残しておきたいと思います。

この第三の「十言神呪」の解釈において、貴照彦さんが「十言神呪」に、もう一つの解釈として、人間的に考えればとして記したのですが、これが第三の裏の組立における神々の心であるのでございます。ですから、貴照彦さんは、先に上梓された『十言神呪』の中において、奇しくもその裏の姿を見ているのでございます。

第三の裏、第四の裏として、すなわち、第三の組立ての「今一つのキーワード」と第五の組立ては、完全な姿ではないのでありますけれども、その匂いを出しているのです。そのように思って良いのでございます。まことに、大変興味のあり稀有のことでございましょう。そこまで己の思想が登っていたということでございます。そういうことを、参考にしながら、果たしてこれが、どのような神様の御許においてであるならば、成り立つのであろうか。それをしっかりと、哲学をしていただきたいと思うのでございます。そういう意味で、先きの『十言神呪』というのは、まことに興味深い、とても貴重な書物となっているのでございます。

第四の裏の世界は第三の裏の世界を包む

ここで話は変わりますけれども、この宇宙の中において、神々の姿を拝することができる、お姿を見ることができる。そのようなことが、度々にあるわけであります。その神様は、色々な神様がおいでになりましょう。

神様を拝することができるというのは、一重《ひとえ》にこの第三の裏と、第四の裏とを重ね合わせるときに、そこにひとりでに現れる現象でございます。すなわち、そこの中には、すでに肉体はなく、己は氏神様にしっかりと結びついている。そこにおいて、この第三の裏の世界というものは、実は、第四の裏の中の世界に、すっぽりと入るものでございます。あるいは、第三の裏は、そのまま第四の裏と思ってもいいわけであります。思ってというよりも、裏と考えてもいいわけであります。そういうような世界が、空間が一致しておるわけであります。――ここの空間の捉え方は、とても難しいですね――

ただし、この第四の裏の空間というものは、天津神の世界をも包むような大きい世界でありましす。ですから第三の裏よりも、もっと大きい世界であるのです。

清浄な肉体に神様を拝することができる

しかし、この裏は、我々がナナヤの大神様の御許に行けば、その組立ての中の祈りにおいて、同じく天津神に通ずるものでございます。ですから心配なく、この第三の裏と第四の裏とは、同じものであると思ってもまったく差し支えないものになります。そうすると、己の肉体の中に神々の姿がここに、髣髴《ほうふつ》として現れるのでございます。これがお姿を拝することに相成ります。

その時は、おのれの眼《まなこ》が、汚れたものを見ることなく、清浄な眼となっておることが必要であります。すなわち、清浄な肉体となっておる。そのような、本当に肉体を捨て去ったような、清らかな肉体を保っていることが必要になります。そうして、見ることのできるところの神様であり、現れた神様は本当の、実のものであるのです。空想の産物ではないのであります。

第三の裏と第四の裏とは対応関係によって見つけることができる

今日はまことに、第三の裏と第四の裏の話は、実は、複雑なものがありますけれども、同じものであるということを、伝えました。同じものであるが故に、第三の裏と第四の裏とは、対応関係によって、それを同じように対応させることによって、神々を見つけることができるものでございます。

またそのことによって、己の魂を浄化させる方法が、第三の裏の神々を実行する、そういうことにもなるのでございます。まことに深いふかい世界のことにございます。

これでもって、私に与えられました、第三と第四のそれぞれの裏についての構造の話は終わりにいたします。

まことに人間の、視点、あるいは、見方として、興味の尽きないものがございますけれども、これらをさらに貴照彦さんが深めて、堂奥に入らねばなりません。そこの中に宝物が一杯あるわけでございます。

いよいよ、明日《みょうにち》からは、これから話が変わってまいります。以上で、終わりといたします。

十三、大神様のお言葉

〈住江大神〉のお言葉

吾れは住江大神なり。吾れは住江大神なり。

汝貴照彦、吾が御許にまつろいてあるを吾れ嬉しや。

観法がある

汝これ、奇《く》しく妙《たえ》なる「十言神呪」は、まさに宇宙の神韻を解き明かさんずの大いなる思想にして、その行法ならんずや。

されば、これが第三の「十言神呪」裏の組立ての中に、その行法、すなわち観法《かんぽう》、観法《みのり》のあるは明らかならんずや。これもて草ぐさの、これが人の世における「願ぎ事」を聞き届けんずや。これ自在ならんずや。

住江大神に「奉答」

汝いよよこのこと、これが第三の裏、また第四の裏、これ長月の大佳き日までに、完成すべしや。吾が許に「奉答《ほうとう》」あるべしや。

この観法《みのり》もて草ぐさに、この神々、「十言神呪」の組立てにありし神々、神々の世界を遊行《ゆうこう》なさんずや。これ遊び行くことなり。尋ねては、その技《わざ》賜うなり。奇しき神々の世界なるかな。

この神々を知らば、ここに「ナナヤの宮」における、神集《つど》ひに集ひたまえる国津神々のこと明らかとなるなり。これまことに、その神々の御許にまつろひしとき、己が「願ぎ事」のまにまにその神々に祈りまつるとき、「願ぎ事」の成就なすなり。

鎮座祭を執行

汝しかして、吾れさらに伝へるは、いよよそのとき、次第に来たりぬや。これ真澄洞、「十言神呪」の神々を祈り祭る日に、これ迎へては、神鎮まりし御祭りを行のうべしや。神々雄走り賜りて、

「鎮座の御祭り」行うべしや。
これ、日の本の上大いなる、豊かなる稔《みのり》を賜らんずや。

「八神殿」のこと

汝貴照彦、「竹の園生」における「八神殿」、これ八神殿の何故に「竹の園生」に鎮まりてあるや。これ大御宝たちに草ぐさの「稔」を授けんずが、その祈りなり。されどもこれ、すでにその意味の途絶えて、形のみにならんずや。

ここに、真澄洞・国津神として、ここに「十言神呪」の神々を鎮めまつるべし。天津神はすでに鎮まりてあり。さればこれが、第三の裏における組立ての神々を鎮めることこそ、偉大なるかな。しかして、その神々に、これ祈りまつるべし。これ、「竹の園生」に代わりて大御宝たちのために祈り奉るべしや。[終]

十四、「八神殿」「の神々

〈タケシツカサノ命〉のお言葉

正一位、タケシツカサです。正一位、タケシツカサです。

今回は、吾れタケシツカサ、正一位アキヒイラギ明神、正一位トキツハナノヰ明神、正一位アキヒトラ明神の、この四人のおのおのによって、一日交代で、四日でもって一回を受け持つ。

真理は住江の大神様よりくだされる

こたびの、住江大神のこの御詔《おんみことのり》は、すべて大雄走りであることを忝《かたじけな》く思ってください。まことに稀有なことであるのです。それだけ、まことに重大な詔であるのです。これからの日の本を導いて行かねばならない、その大きい、大きい御心のうちを察して欲しいのです。

まさに真理は、忝くも住江の大神様よりくだされるものであるのです。こうして、正しい、真っすぐな、欲望に汚されないところのものが、こうして真澄洞にくだされる。降《お》りる。まことに目出度いことと、言わねばならん。汝貴照彦、真澄洞穢《けが》すなく、清々しく守り継ぐのです。

世界の情勢は変わってきておる

さて、今朝の住江の大神様のお言葉に、まことに驚かれたことと思うが、それだけ今の、現在の日本というか、世界の情勢は変わってきておるのです。

これはすなわち、先の大戦の戦《いくさ》において負けたからだけではない。その前に、明治維新における大きな変化があったが、これだけでもない。それは、時代の流れというものは、奇しき尊きものを流してゆき、次第に見失なってゆくものです。これが、時代であるのです。

そういう尊いものが失われてゆくと同時に、その意義づけを新しく発見しようとして努力をするのが、学者です。しかし、学者は、学者であり、信仰の本当の意味を残念ながら知ることがない。その隠れた意味を、すでに知ることがない。それは、この真澄洞に復興したところの「キリツマの御祓の式《のり》」一つを見てもわかることであろう。

――当洞の「キリツマの御祓い式」は、古くに廃れてしまったものを、門田先生が神様のお言葉によって再び現世に現したものです。キリツマは「喜利津麻」と書きますが、古書にはこの言葉があるとお聞きしています。――

「八神殿」の再興は時代の要請

それと同様に、今、真澄洞に、尊い「竹の園生」とひとくくりに申すが、皇室に代々伝わってきたところの、「八神殿」の新たなる再興を起こさんとしておるのです。再び、作り直そうとしておるのです。それは、時代の要請もあり、ここにその十柱の神々をお祀り申し上げることとなります。「十言神呪」の第三の裏の組立てにおいて、大国主の大神様と、氏神様とを外《はず》せば、すなわちこれは、八柱《やはしら》の神々となるのです。

日の本において、最も重要なるところの草ぐさの物を産みい出すところの、まことに貴い神々であられる。これらの神々が居らねば、まことに険しい、苦しいこととなるのです。これらの神々によって、大御宝たちは楽しい人生を送ることができるのです。

氏神様たちはすべて天皇の手足となって働く

何故に、大国主の大神様と、氏《うじ》の神々を祀ることがなかったのか。これはもう明らかなことであって、その国譲りによって、大国主の大神様は幽世に帰られた。しかして、氏の氏神様たちは、すべて、スメラミコトの手足となるものであって、敢えてこれを祭るに及ばずとなしたのです。よってここに、その「八神殿」の神々と同時に、大国主の大神様また、氏神様を集めて、ここにその御祭《みまつ》りを、十柱として行おうというものであるのです。

天津神の系列の神々も入る

またここに、その第三の裏の組立てにおける神々は、国津神々であると申したが、天津神の系列の神々が、入らないということではない。天津神の霊系を引きながらも、地球の上に住まいをすることによって、国津神となられた神々もおいでになるのです。すなわち、畏くも瓊瓊杵命がそうであるのです。

これを、ぜひ完成をして欲しい。吾れらが師、門田博治先生が、この天津神々について、いわば、その分別をし、ここに真澄大神をお祭りをされたが、それは第三の表の組立てによるものです。ここに、真澄洞貴輝彦は、この第三の裏の組立てによって、畏くも国津神々のその分別をなし、精査をし、その秩序を明らかになさねばならないのです。

新しい神々の系譜が誕生する

そうすることによって、この日本に、また新しい神々の系譜というものが誕生するであろう。単にそれは、神々の系列、霊系を引くばかりでなくして、天津神々の系列があるように、地位において、あるいは、担当する神々において、その秩序ができるのです。

天津神々において、そのお働きが異なるが如くに、国津神々においても、本来はその働きにおいて、各々異なるものであるのです。

しかも、大山祇の大神様が、山を担当される神様であるというが如くに、まことにその本質を離れたところの、神々のお働きの間違っておるものが多いのであるが故にこそ、ここに、その神々の正しいお働きを示すことが大事なことであるのです。

このことは、いわゆる神社神道におけるところの祭式において、意に沿わぬところがあり、反発があるのかもしれない。しかしそれは、いづれわかってこよう。

御神名が普通に伝えられている神々と少し違っている

しかして、その八柱の神々を調べることは、「竹の園生」における「八神殿」の神々のことを調べるならば、ここにかなり見当のつくものです。

しかし、ここに少しだけ異なってくるものがあります。それは、その「八神殿」の神々の御名《みな》です。その御名が普通に伝えられておる神々と少し違っています。

またここに、すでに二千年余《よ》を経て、時代の移り変わりと共にその働きが若干変わっておられるものもあり、また、交代されておられるものもあられる。それを考えておかねばならない。しかし、何を担当されておるのかというのは、大きく変わるものではない。

「奉答」を

まことに尊い使命を貴照彦は賜ったが、是非これを成し遂げて欲しい。この最初の「奉答」を、大佳き日《とき》である「夏の真澄大神」の大祭の日［五月二十二日］に出して欲しい。

その「奉答」に対して、正一位タケシツカサノ命、ここにそのアドバイスをいたす。その余裕をもって、これ、五月《さつき》の「厳神祭」［五月十一日］までにおおむねを完成をし、大祭において印可を得たいものです。


おおむねにこれにて、わかってきたことと思うが、これから後《あと》のことについて伝えておく。今回、この十一日の「厳神祭」における住江の大神様のお言葉でもって、この春の行の半分が終わることになります。

次の十二日からは、畏くも熊野大権現すなわち、須佐之男命様の大雄走りがあられます。ここにおいて、いよいよ、その「ムユ」についてのお言葉があられます。――十一日は、須佐之男命の大詔を賜わった――。

人間の外界とは

今回の、「十言神呪」の第四の裏において、「肉体」というのは、己の肉体、さらに肉体を包むもっと広い、人間が生存をする空間ばかりでなく、宇宙全体が己の肉体であるとせねばならぬ。

すなわち、人間の外界というのは、人間の己の魂の外のものすべてが、外界であるのです。己にとって、己の肉体より外のものは、肉体を含めて外のものがすべて外界です。己の肉体も外界です。人間は、魂の上に「肉の衣」を着ているだけであるのであって、「肉の衣」は本来において必要ないものであるのです。魂にとっては。だからこそ、この肉体を含めて、外のものが己にとっての外界です。その外界を、己の魂が自在に動くようにならねばならない。その具体的な方法が授かることとなるのです。

まことに奇しびなことであるけれども、この人間が瞬時にして他《た》の所に移り、その姿を他の人間に見せるということがあります。このことはすでに伝えてあるけれども、これなどは一瞬にして起こり得ることです。これは、己の肉体を動かしているわけではない。己の魂と、それを包むところの、肉体のすぐ下にあるところの霊体が、その人間とそっくりそのままのものが、瞬時にして移動するのです。何故ならば、己の外界は、己の肉体であるからです。したがって、その魂が、己の外界を少しだけ、ちょっと動いただけのことであるのです。何事もない。そのような現象が起こるのです。

第一巻「はじめに」

さらにここに、貴照彦が今回の『神界物語』を著すにあたって、「はじめに」という序論を記してあるが、この肉体から徐々に肉体を消す方法、すなわち、肉体から霊体への移行、この肉体というものは霊体であるというように、記してあるけれども、これはすなわち、今述べたところの、第四の裏の組立てにあるところの、その、己の外界そのものであるのであるのです。

よって、その論は、まことに稀有にして正しいものです。先に、飛鳥の大人《うし》から、お褒めのお言葉があった通りです。大いに嘉《よ》みするものです。そこにおのずと、この「十言神呪」の組立てが、滲み出ているものです。まことに、稀有な哲学であるのです。

時代をリードする

そうして畏くも、この須佐之男命様より、さらに「法」を賜り、ここにいよいよ「ナナヤ」に向けて、汝がその歩みを進めなければならない。そこにいつでも行けるように導いてきたけれども、ここに、最終の結論を得ることとなります。我々も、それ以上にこのことを、延長することは許されない。そのような時代に来たのであるのです。来たのです。
そうして、この世の中に、人間世界の中に、不可思議なることを伝え、見せて、時代をリードして行かねばならん。それをすべて、貴照彦がなすわけではないが、ここに弟子たちの働きがあるのです。十人の弟子については、すでに伝えたけれども、こうして、真澄洞にただ黙するだけではないけれども、市井《しせい》に隠れて、神々の詔を賜り、神々と直通するところの真澄洞を作ってもらいたい。それが、「竹の園生」、すなわち、スメラミコトを祈ることとなる。さらには、大御宝たちを祈ることと相成るのです。

十五、天孫降臨

正一位、タケシツカサです。正一位、タケシツカサです。
さて貴照彦、話を続けよう。

瓊瓊杵命が天下られ五千年

そもそもこの日本が、神国《しんこく》、神の国であると言われるのは、この地を、この島国を神々が愛《め》でられて、ここに降《くだ》られたからなのです。この日本人の出来上がった由来は、これは由《よし》として、この日本の高千穂の峰に畏くも、瓊瓊杵命が天下《あまくだ》られた。それはすでに五千年の昔になるわけであるが、これはさらにその昔にすでに、少彦名命がヒマラヤの地に降《くだ》られてより、後《のち》のことです。

こうして、そこに降られ、大いなる宮殿をお造りになられた。その宮殿の下にあるのがすなわち、「霧島神宮」であるのです。この霧島神宮の上には、すなわち、奇しく尊い日本の出発の、この真澄洞上空にそびえ立つような神殿があるのです。

言霊によって「稲穂」を作った

そして、この高千穂の地をかっぽしつつ、言霊によって、己が身体《しんたい》を次第に現され、肉の身《み》として現された。さらには、草ぐさの稔《みのり》を、天津神のご命令にしたがって、言霊によって産みなした。そうして、日本の上に少しずつ、動物の食《はむ》ことのできるところの物を作ってきた。

そこに、次第に土着の日本人が、土着と言ったけれども、大陸から移りここに住み着いた諸人《もろびと》であるのです。そうして、ここに人間の食《はむ》ものを作り上げてきた。草ぐさあるが、その中の最も重要なものが「稲穂《いなほ》」です。人間は、ここに「稲穂」を通して、己が身を養うことによって、天津神々の大いなる御稜威を賜って来たのです。

霊体よりハルミを、ハルミより肉体を作る

この天津神、すなわち、天照大御神の信仰は、もちろん外国《とつくに》にもあり、すでにその遥か昔よりあったものです。しかし次第にその姿が、天照大御神信仰という姿が、薄れてゆき、おのおのの中に、民衆の中に、ここに異《い》なる神が現れてきたのです。

簡単に言えば、神々の中にも色々な神々があられるのであって、必ずしも真澄神のような神々ばかりではない。それらの外国《とつくに》の神々も、その身を日本の上に現すようになって来た。日本においても、外国《とつくに》においても霊体がハルミとなり、さらにそのハルミが、より肉体の衣を強くして、地上に住むようになり、それが、より濃くなると人間となります。

よってここに、日本において、瓊瓊杵尊より降るところのハルミを作り、「ハルミ天皇」というものが誕生した。その表現が正しいかどうかは別にして、瓊瓊杵尊の皇子《みこ》たる者は、ハルミとして生活をしてきた。

すでに、タネオの大神様よりお導きがあったが如くです。その時に、一緒に天降《あも》られたところの神が、櫖触の大仙人であられるのです。それは、御身《おんみ》を貴くせられて、ハルミとなることはなかった。そういう選択をされたのです。

肉体人間を現すと同時に寿命は短く

そこで、瓊瓊杵尊の皇子たちが、ハルミから次第に「肉の衣」を付ける間《かん》に、寿命《よわい》というものが生まれて来ます。肉体人間を現したが、その寿命《よわい》は、今の人間よりは遥かに長いものであったが、次第に短くなった。

こうして、日本の初めの、神武天皇が誕生したのであって、決してそのようなことはないと否定する者もあるが、それは、この「ハルミ霊学」を知らないところの者であって、やむを得んところであるのです。

人間はハルミとならなければならないが、それは、ハルミから人間に、いわば、降ったことと逆の道行きであるのです。そうして生まれたものが、この日本における天皇《すめらみこと》であられるのです。よって、決して豪族の争いによって、その長として祭り上げられたというが如きことは、あるいは、現実としてそのようなこともあったであろうけれども、天皇の本質は、そのようになっておるのです。まさにハルミとなり、次第に肉体を現した、その霊系をそのままに引くものです。そして、この日本の上において、秩序と統一の中心として、ここに、二千五百年を経ておるのです。

直日は人間の根本的な本質を表す

タネオの大神様は、その槵触の大仙人に導かれて、今日《こんにち》を得ておられるのです。まことに貴く、うるわしい御《おん》神様であられるのです。

今、瓊瓊杵命さまが、言霊によって「稲穂」を作られたわけであるが、この天津神の「稲穂」は、何故にまた、天津神の御稜威が強いのかといえば、すなわち、太陽の光を多に浴《さわ》びつつ、また、地の恵みを得ながらここに結実をした。まさに「水（ミ）火（ほ）」であるからであるのです。それを日本人は、この数千年にわたって、食べてきたが、それが故に、天津神としてのものが強いのです。それは言いかえれば、「直日」（フタ）が発達しておるのです。一霊四魂が御霊の神籬であるが如くに、この直日も神籬となり、それぞれの神々の分霊の神籬となるのです。こうして、修業を積むのです。故に、日本人の直日は、天津神と国津神との合体としてできておるのです。

けれども、外国《とつくに》にはそのことが、元来は、そういう天津神の信仰があったのであるが、国津神の信仰がまことに強くなった。そのように言うことができるであろう。ここに、その一霊四魂の「直日」の中に、国津神々の分霊《わけみたま》が入っているのであるが、まことに自立心の強い国民が、民族が、誕生するのです。もちろん、天津神の分霊《わけみたま》がないわけではないのです。

日本人においては、天津神だけではなく、国津神の分霊《わけみたま》がここに座っておるのです。この「直日」というのは、人間の根本的な本質を表すものであって、四魂ではない。人間の人間たるものは、「直日」の中にあるのです。

「八神殿」の神々は大御宝たちのもの

そこで、人間の生活の上に、瓊瓊杵命が「稲穂」を作られたのであるが、共に来た神々が、同伴されたところの神々がまた、草ぐさのものを言霊によって、生み出《な》されたのです。その「稔」が、その稔を生み出されたところの神々が、日本の上で大御宝たちによって祀られて来た。もちろんそれだけではなくして、新たに誕生した神々もあられるのです。

されればかくして、この「八神殿」の神々が誕生することと相成ったのであって、それは決して、天皇陛下の鎮魂のためにあるものではない。本来において、大御宝たちの上にあるものです。鎮魂ということはいわば、その神々に平伏《ひれふ》すところのものであって、それ以上の何者でもない。

天皇の守護をなすものは、三種神宝《みくさかんだから》です。三種神宝の宝、そこに鎮まるところの三種神宝の神々です。故にこれを、間違えつつあるのは、今日の神々の信仰であるのです。

天皇を助ける神々

今、まことに重要なことは、天皇の本質として天津神が大きく鎮まっているのであるが、ここにその霊線がまことに弱い。弱くなってきておるのです。それ故に、これを何とかしながら、天皇の三種神宝の神々の御力《おちから》が、できるだけ大きく入るような偉大な天皇、すなわち「紫」のスメラミコトにしなければならないのです。

これが今の、この天津神すなわち、天照大御神朝廷の御心なのです、御心であられるのです。それを、実行されておられるのが、畏くも瓊瓊杵命であられます。その他《ほか》の天津神々より降《くだ》られた神々である宗像の大神様も、その役割を荷っておられるのです。

ゆえに、この「八神殿」の神々は、そのような神々であられるのであって、本来において、この時代の移り変わりと共に、解釈が変えられ他《た》のところに移り、そしてまた、それが統一されて、今の「竹の園生」の神殿として鎮まっておられるのです。これは時代の流れにおいて、真《まこと》にまことに、やむを得んところのことであるのです。しかし、その本質を違えてはならない。少なくも真澄洞は、そのような哲学を持ち歩まねばならないのです。

天皇の守護神は三種神宝の神々

天皇の守護神は三種神宝の神々であり、その「神殿」、すなわち「八神殿」には、この地球の上に稔を生み出されたところの、その根源の神々が鎮まられ、「皇霊殿」には、代々の天皇の御霊が鎮まるようになった。

こうして、天皇の祈りと、その神々の働きのもとに、人間は、少しのことがあっても、たとえ戦や、天変地異によって死ぬことがあっても、その御霊は生まれ変わり、現世《うつしよ》の人生を楽しみ、また帰るのです。よって何事も心配はいらない。わずかな悲しみであるのです。

正一位タケシツカサノ命、本朝のこの「八神殿」から話を伝えたが、明日は、正一位アキヒイラギ明神が、また奇すしきことを伝えるであろう。

今ここに、その年数を五千年と言ったが、これらについてはそれぞれやや幅があると思って聞いておくがよい。以上で終わりとします。

あとがき

(一)【巻九】、門田博治先生は、現世を去られほぼ十年を経て正位の明神に就かれました。それから二十年後の太陽神界での行になりました。

この中に不可思議なことが数々とあります。まさかこの高温の中に食べるものがあるとは、物質世界に生きる人間には信じることができません。しかし、先生は、「神様は、水の一滴があれば生活ができる。神様は核融合のエネルギーを摂っている」と、生前によく話されていました。

しかし、その高温の中に、普通の霊体をもってしてはとても入ることのできない世界です。そこには、霊体の中に残る「肉のかす」を落としていなければ難しいことと言います。

思えば、先生は、昭和二十八年より昭和三十年代を通して、浜松市「米津の浜」において、「海」禊を怠ることはありませんでした。弟子と一緒にどこかにまいりますと、先生がいつの間にかいなくなるという現象が度々に起こりました。そのたびに「先生は帰っているか」という電報が、ご自宅に入ったそうです。私は直接に先生にお聞きしたことがあります。「先生は飛ばされてどこに行っていたのですか」と、先生は「米津の浜で禊をさせられていた」ことが多いと話されていました。それだけ、生前において「肉の衣」の浄化に勉められていたわけです。

ですから、現世を去られても、霊体にこびりついた「肉のかす」は少なかったと思われます。修行の成就が早かったのではないかと思われます。

また、この太陽神界での行を終えられると、正一位の明神さまにも、格別の肩書が与えられるはずであると思いますが、先生は何もおっしゃられないので、そのままにしました。

【巻十】、門田先生の奥様のあい子刀自が正一位に任官される様子を記したものです。この巻は、『神界物語』のものとして与えられたものではありません。しかし、人間が正一位にまで、すなわち、神様の御位にまで昇ることがあることを記すのによい機会であると思い、大神様にお願いをしまして、ここに入れるお許しをいただいたものです。

先に、ナナヤ大神より正一位への任官を命ぜられたのでありますが、自信がないということで一年の猶予が与えられました。一回だけしか猶予の与えられないものでした。しかしその後、ナナヤ大神より少し延期をするとの詔がありましたが、新型コロナウイルスの発生により、これ以上の延期はできないということで、令和三年一月十五日のお誕生日に正位の任官式となった次第です。

正一位の任官式は、天照大御神朝廷において執行されるものです。

詳細に述べれば数々ありますが、このことは、この大神様たちのお言葉の中からご理解をいただければと思う次第です。

かつて、正一位マノミチノリ明神の任官式には、天照大御神朝廷より門田先生を通して、通信を賜ったことがあります。マノミチノリ明神は、「誠の研究」のために五十年間を過ごされ、任官をご辞退されていました。

【巻十二】、住江大神が毎日、当洞に下られてお言葉を述べられ、それに対して日替わりで明神様が解説をされるという形で進んでいます。このようなことは、門田先生にもお聞きしたこともなく、記録にもないことです。

すでに記してあることですが、当洞には「雄走り」という考えがあります。大神様が直接にお越しになられて述べられるお言葉を「大雄走り」、大神様のお言葉を預かって述べられるお言葉を単に「雄走り」としてあります。ここに述べられておられますお言葉は、タネオの大神様が預かられて、述べられたものも多いのではないかと思われます。

また、ここに解説に当たられる明神様は、正一位タケシツカサノ命、正一位アキヒイラギノ命、正一位トキツハナノヰノ命、正一位アキヒトラノ命でございます。前三柱の明神様は、「十言神呪」の開示に当たられた、門田先生の友人であり、花井先生のお弟子でした。ここに正一位アキヒトラノ命は、初めて登場される明神様でございます。

本書においてはじめて正一位アキヒトラノ命が登場されます。【巻十】において、住江の大神様のお供で簡単に述べられていますが、本格的に解説に加わるのははじめてと思います。

明神さまは、高知県高知市春野町（旧吾川郡春野町）出身の田所等氏《たどころひとし》です。大阪に遊学し、関西大学と思われますが、卒業後そのまま大阪に就職をしました。前年に亡くされた奥様（昭和三年七月二十六日没、享年二十七歳）の一周忌の法要のために帰る用意をしている時か、帰路の途中かははっきりしませんが、ふとしたことで電車から転落し、大阪で一命を落とされました。昭和四年六月二十二日没、享年三十歳でした。

大阪出身の正一位アキヒイラギノ命（本名江藤輝、別名仁凱）は、霊界においてお世話になったと申されたことがあります。そのことから考えて、亡くなられてから間もなく霊界──住吉の霊界と思われます──に入り、正一位に昇られたのではないかと思われます。人間に生まれ最後の業を落とされたので、事故を装いながら、現前を去られたのではないかと思われます。

（二）やっと当洞の「勉強会」も普通に回を重ねることができるようになりました。本書の上梓にあたり勉強会を通して原稿に目を通していただき貴重なご意見やご指摘をいただきました。門田伸一氏（東大和市、門田博治先生のご長男）、那須田征司氏（浜松市）、岩﨑智子氏（東京都）、植田陽寛氏（富山市）、半浦嘉子氏（横浜市）、松葉千香子氏（越谷市）、さらに、山本久江氏（静岡市）、神谷智子氏（静岡市）に加わっていただきました。皆様に謹んで感謝と御礼を申し上げます。

最後に、宮帯出版社内舘朋生氏にはいつもながら大変なお世話になりました。謹んで御礼を申し上げます。

令和五年十月二十七日大山祇命大祭、門田博治先生祥月命日祭

石黒　豊信

〔著者紹介〕
石黒 豊信（いしぐろ とよのぶ）
昭和20年（1945年）高知県生まれ。昭和42年東京理科大学（理学部）卒業。平成22年㈻廣池学園・麗澤中学高等学校（数学科）定年退職。
現在、特定非営利活動法人（NPO法人）教職員学校（理事・事務局長）、聖徳大学SOA講師。昭和50年頃より「古神道」研究者門田博治先生に師事する。昭和63年先生ご逝去後、門田家のご協力のもと兄弟子や門田先生を慕われる方々のご援助により、先生の遺された記録・哲学を公にしている。また、「十言神呪」の普及と研究に努め現在に至る。
責任編集出版は次の通りである。
『門田博治先生の思い出』（平成8年）、『増補　無為庵独語』（平成11年）、『法絲帖』（上）（下）（平成19年　平成21年）、『光る国神霊物語』（ミヤオビパブリッシング　平成25年）、『ナナヤの宮参宮記』（鳥影社　平成26年）、『十言神呪』（ミヤオビパブリッシング 平成30年）、『神界物語（一）』『神界物語（二）』（ミヤオビパブリッシング　令和4年）、『神界物語（三）』『〈完全版〉光る国神霊物語』（ミヤオビパブリッシング　令和5年）などである。

神界物語（四） ――「十言神呪」の世界――

2023年12月23日　第1刷発行

著　者　石黒豊信
発行者　宮下玄覇
発行所　MPミヤオビパブリッシング
〒160-0008
東京都新宿区四谷三栄町11-4
電話(03)3355-5555
発売元　株式会社宮帯出版社
〒602-8157
京都市上京区小山町908-27
電話(075)366-6600
http://www.miyaobi.com/publishing/
振替口座 00960-7-279886
印刷所　シナノ書籍印刷株式会社

　ISBN978-4-8016-0312-7 C0014